O COFRE DO DR. RUI

Tom Cardoso

O COFRE DO DR. RUI

Como a Var-Palmares de Dilma Rousseff realizou
o maior assalto da luta armada brasileira

2ª edição

CIVILIZAÇÃO BRASILEIRA

2012

CIP-Brasil. Catalogação-na-fonte
Sindicato Nacional dos Editores de Livros, RJ

C268c   Cardoso, Tom, 1972-
2ª ed.   O cofre do Dr. Rui / Tom Cardoso. – 2ª ed. –
           Rio de Janeiro : Civilização Brasileira, 2012.
           il.

           Inclui bibliografia
           ISBN 978-85-200-1071-6

           1. Barros, Adhemar de, 1901-1969. 2.
           Brasil – Política e governo – 1930-1964. I.
           Título.

11-6214   CDD: 320.981
                                         CDU: 32(81)

Copyright © Tom Cardoso, 2011

PROJETO GRÁFICO DE MIOLO E DIAGRAMAÇÃO
Ilustrarte Design e Produção editorial

FOTO DA CAPA
Arquivo do autor

Todos os direitos reservados. Proibida a reprodução, armazenamento ou transmissão de partes deste livro, através de quaisquer meios, sem prévia autorização por escrito.

Este livro foi revisado segundo o novo Acordo Ortográfico da Língua Portuguesa.

Direitos desta edição reservados pela
EDITORA CIVILIZAÇÃO BRASILEIRA
Um selo da
EDITORA JOSÉ OLYMPIO LTDA.
Rua Argentina, 171 – Rio de Janeiro, RJ – 20921-380
Tel.: 2585-2000

Seja um leitor preferencial Record.
Cadastre-se e receba informações sobre nossos lançamentos e nossas promoções.

Atendimento e venda direta ao leitor:
mdireto@record.com.br ou (21) 2585-2002

Impresso no Brasil
2012

Para Aninha, Vera e Mané

AGRADECIMENTOS

Aleksandra Pinheiro, Alice Bicalho, Ana Lúcia Magalhães Gomes, Andréia Amaral, Bernardo Schiller, Carlos Araújo, Darcy Rodrigues, Denis Cardoso, Elio Gaspari, Flávio Tavares, Gonçalo Júnior, Ignez Maria Serpa, João Quartim de Moraes, Jesus Paredes Soto, João Roberto Laque, Julia Cardoso, Juliane Sampaio, Lira Neto, Luci Ayala, Lucia Rocha, Luciana Villas-Boas, Marina Vargas, Mário Magalhães, Raquel Alves, Raul Pont, Reinaldo José de Melo, Roberta Namour, Rodrigo Teixeira, Ronaldo Bressane, Rosiane Moro, Sônia Lafoz, Vera Helena Magalhães Gomes, Vera Sastre, Yara Gouveia.

SUMÁRIO

PARTE I   O planejamento 11
PARTE II   A partilha... 79
O DESTINO DOS PERSONAGENS 139
CRONOLOGIA 147
BIBLIOGRAFIA 163
ÍNDICE ONOMÁSTICO 165

PARTE I

O planejamento

No começo dos anos 1960, todo jovem idealista de esquerda latino-americano sonhava em repetir o feito de Fidel Castro e Che Guevara, a dupla que comandara a marcha em direção a Havana e livrara Cuba das garras do capitalismo. Ao longo da década, porém, expandir a revolução socialista para além da ilha caribenha tornou-se tão difícil quanto convencer Fidel das vantagens do livre mercado. O próprio Che não foi longe em seu sonho revolucionário: caçado por agentes da CIA, morreu executado na selva boliviana, em 1967. A morte reforçou o mito em torno de Che e contribuiu para a proliferação de grupos que viam a luta armada como a única via possível para a revolução. No Brasil, vivendo sob uma ditadura desde 1964, os comunistas, até então hegemônicos, racharam e deram vez a vários grupos. Quando o presidente Costa e Silva implantou o Ato Institucional nº 5, o AI-5, em dezembro de 1968, fechando o Congresso, intervindo nos estados e municípios, suspendendo direitos políticos e exacerbando a censura à imprensa, as organizações de esquerda, que ainda discutiam alternativas pacíficas para a transformação social, partiram para o contra-ataque. A política de enfrentamento, porém, produziu mais baixas do que dividendos e obrigou os grupos de guerrilha a se unirem para sobreviver à dureza da clandestinidade. Antigas divergências foram deixadas de lado e fusões estabelecidas.

A nossa história começa exatamente em uma dessas fusões, mais precisamente no nascimento da Vanguarda Armada Revolucionária, a VAR-Palmares, criada no meio do fogo cruzado, em julho de 1969. Tudo caminhava para mais uma luta desigual entre guerrilheiros e militares até que um jovem secundarista, oriundo de uma tradicional família da aristocracia carioca, mas ligado a movimentos de esquerda, entregou o ouro: existia um cofre abarrotado de dólares escondido no segundo andar de sua casa, em Santa Teresa, zona sul do Rio de Janeiro, pronto para ser roubado. O assalto, bem-sucedido, não resultou em dias melhores para a militância. Pelo contrário. Além da histórica incapacidade de lidar com qualquer forma de capital ("o dinheiro jamais trouxe felicidade às organizações revolucionárias", declarou certa vez Marco Aurélio Garcia, um dos ideólogos da esquerda brasileira), da inaptidão para mantê-lo longe da ganância alheia, os responsáveis pelo assalto ainda tiveram que lidar com uma maldição, que insistiu em acompanhá-los para além da aventura revolucionária.

Boa leitura.

Tom Cardoso,
São Paulo, agosto de 2011

CAPÍTULO 1

Sônia Lafoz puxou a minissaia para cima, ajeitou a peruca e fez cara de puta. Era sábado, fim de tarde e o meretrício ainda não havia ocupado as ruas do Lins de Vasconcelos, subúrbio do Rio. Sozinha na esquina, a loura de pernas bonitas já havia atraído a atenção de três homens, mas dispensou a todos sem muita conversa. A ordem era ficar de olho no carro, e não na clientela. Os dois Fuscas e o Gordini não serviam, mas o Aero Willys Itamaraty branco, que vinha diminuindo a velocidade em sua direção, parecia perfeito. Sônia nem olhou para o dono do carro, que mantinha o vidro aberto e o cotovelo debruçado sobre a janela. Assim que o Aero Willys parou, ela afastou o braço do motorista e colocou a cabeça para dentro do veículo, com o queixo virado para cima e o decote à mostra. Passou os olhos pelo teto de vinil preto, conferiu o estofado do banco e afastou-se.

— Este serve! — gritou Sônia.

O motorista não teve tempo nem de colocar a mão na direção. Uma pistola já fazia pressão sobre sua testa. Nóbrega havia surgido como um raio:

— Saia do carro! — ordenou.

Minutos depois de render o motorista e deixá-lo a pé, Sônia e Nóbrega já estavam dentro do Aero Willys. Ele ao volante e ela ao lado, sem peruca. A relação entre eles não era das mais cordiais. Ex-sargento do Exército, José Araújo Nóbrega, o Alberto, conquistara o respeito das organizações de esquerda ao infiltrar-se como funcionário na Polícia Federal. Fazia o tipo durão, com seu bigode ralo e a cara de poucos amigos, e não entendia como o comando de um grupo guerrilheiro podia manter, na sua linha de frente, uma mulher, ainda mais de origem pequeno-burguesa. Guerrilha era coisa pra macho. Nóbrega fazia sempre a mesma pergunta grosseira, na tentativa de intimidar as universitárias que ingressavam na organização, ansiosas pelas aulas de tiro: "O que uma mulher faz se menstruar no meio de uma ação de guerrilha?"

Sônia Lafoz, a Mariana, possuía traquejo de sobra para não se deixar intimidar por ele ou por qualquer outro sargento machista. Tinha sangue guerrilheiro nas veias. Nascida na Argélia, era filha de pai comunista, que lutara na Guerra Civil Espanhola contra a ditadura franquista. Descolada, ex-aluna do Teatro de Arena, estudante de psicologia da USP, Sônia sabia lidar com militares. Eles eram bons em estratégia de guerrilha, entendiam tudo de armas e atiravam bem, mas o desempenho não era o mesmo quando o assunto era distinguir Marx de Lênin.

— E aí, Alberto, o que você achou do desempenho da pequeno-burguesa como puta? — provocou Sônia.

— Não enche, porra. Estamos atrasados. Eu vou parar ali para colocar a marta rocha.

Já havia anoitecido e era fácil achar uma rua mal iluminada no subúrbio do Rio. Nóbrega estacionou o Aero Willys e tirou da bolsa a placa de carro falsa. Ela era adaptada com acessórios que facilitavam a troca e a deixavam com duas polegadas a mais do que a original — daí a origem do apelido, devido a Marta Rocha, nome da brasileira que havia perdido o título de Miss Universo por causa de duas polegadas a mais nos quadris. Com o Aero Willys de placa nova, Nóbrega e Sônia partiram para a Zona Sul.

Reduto da esquerda festiva, o bar Jangadeiros, em Ipanema, ainda não estava cheio. Tarso de Castro e a patota de *O Pasquim*, tabloide fundado havia menos de um mês, chegariam em breve, assim como a turma do cinema novo. Os universitários já estavam por lá, conversando sobre cinema, teatro, política e as vantagens do amor livre. Havia seis meses que o Brasil vivia sob o tacão do AI-5, Ato Institucional que permitia ao presidente Arthur da Costa e Silva cassar mandatos, suspender direitos políticos, intervir nos estados e municípios e exacerbar a censura à imprensa.

Em uma mesa, no fundo do bar, um homem alto, magro, de braços compridos e óculos de aro preto destoava do perfil da clientela. O rosto branco cheio de vincos e a pastinha de couro colada entre a barriga e o braço faziam Juarez Guimarães de Brito aparentar mais do que os seus 31 anos. Como bom mineiro, conversava baixinho, olhando discretamente para os lados, e era observado atentamente por três homens, todos mais jovens. Sônia e Nóbrega haviam acabado de chegar.

— Professor, deu tudo certo na ação do Lins de Vasconcelos? — Juarez, apesar de ser o comandante e o mais experiente do grupo, chamava a todos de professor.
— Sim, tudo certo — respondeu Nóbrega.
Agora os olhos de Juarez apontavam para Reinaldo. A voz do comandante tinha um tom calmo, doce, quase inaudível:
— Professor, você já organizou a rota de fuga?
— Sim, já está pronta.
— Ótimo. Não podemos repetir os erros da ação da Tijuca.

Juarez referia-se ao assalto ao Banco Aliança, executado três dias antes, que contabilizara pouco dinheiro para o caixa da organização e ainda deixara o saldo de um civil morto. Durante a fuga, os guerrilheiros foram perseguidos, em um táxi, pelo gerente da agência bancária e por um segurança. O carro de cobertura, guiado por Reinaldo, foi colocado imediatamente entre os dois carros. No chantilly (nome dado ao grupo de apoio) estavam, além de Reinaldo, três dos mais experimentados soldados da organização: Sônia, Fernando Ruivo e o sargento Darcy Rodrigues. Baixinho para os padrões militares, mas astuto e corajoso — havia comandado, ao lado do capitão Carlos Lamarca, a histórica fuga do 4º Regimento de Infantaria de Quitaúna, em Osasco, Darcy não era homem de vacilar em combate. Assim que percebeu que seus companheiros corriam perigo, atirou contra o táxi, com a intenção de interromper a perseguição. Ferido, o taxista Cidelino Palmeira do

Nascimento perdeu o controle do carro e chocou-se contra um muro, morrendo na hora. O segurança e o bancário sobreviveram, mas a morte de Cidelino piorou ainda mais a imagem da organização perante a opinião pública. Eles eram terroristas perigosos e precisavam ser reprimidos com vigor.

Depois do fiasco da ação do Banco Aliança, a ordem dentro da organização era concentrar todas as forças na próxima expropriação (o eufemismo mais usado pelos guerrilheiros), batizada por Carlos Lamarca de "Grande Ação", que prometia render uma fortuna. Pelo menos era o que garantia um contato, um estudante secundarista, da alta burguesia, que morava em um dos maiores palacetes do Rio de Janeiro, no bairro de Santa Teresa, na região central da cidade.

Por um momento, Juarez achou que o garoto estava delirando. A história parecia inverossímil: ele garantia que no segundo andar de sua casa, onde moravam seus tios, havia um cofre com pelo menos 200 mil dólares, que pertencia ao amante de sua tia, Adhemar de Barros, ex-governador de São Paulo. O cofre continha, além da pequena fortuna, documentos que ligavam Adhemar e o presidente Costa e Silva ao jogo do bicho e a outras atividades ilegais. A história não terminava aí: havia ainda um outro cofre, também do mesmo dono e com 200 mil dólares, escondido no escritório do apartamento de um outro tio, em Copacabana.

O Jangadeiros já estava lotado. Ferdy Carneiro e Hugo Bidet haviam acabado de chegar e Roniquito de Chevalier encrencava com o sujeito da mesa ao lado. No fundo do bar, alheio à balbúrdia, Juarez acertava os últimos detalhes da Grande Ação. Sua vontade era sentar à mesa com Cacá Diegues e Glauber Rocha e discutir a contribuição da *nouvelle vague* para o cinema mundial. Formado na Faculdade de Ciências Econômicas de Belo Horizonte, Juarez passara o começo da década de 1960 enfurnado em cineclubes da cidade. Franzino, tímido e desajeitado, estava longe do estereótipo do guerrilheiro de esquerda, mas o estilo frio e calculista, mesmo nos momentos mais tensos, fazia dele uma liderança jamais contestada. Seu braço direito era Maria do Carmo Brito, a Lia, com quem se casara em 1962, ao som da Internacional Comunista. Baixinha, hiperativa e de personalidade forte, havia sido uma das primeiras mulheres a ascender ao comando de uma organização de esquerda.

Membros do núcleo duro do comando revolucionário, Juarez e Maria do Carmo sabiam que a prisão de ambos praticamente desmontaria a estrutura da organização. Os dois haviam dispensado a cápsula de veneno que todo militante do alto escalão era obrigado a portar escondida dentro da camisa, presa por um alfinete. A organização recomendava o suicídio do militante no momento da prisão, para evitar que ele, sob tortura, delatasse outros companheiros. Na prática, porém, as cápsulas, elaboradas na última hora por estudantes de química, não funcionavam. O militante em vez de morrer era tomado por uma cólica insuportável e, debilitado, resistia menos à tortura. Para não colocar a organização em risco, Juarez e Maria do Carmo já haviam feito um pacto, caso fossem presos juntos: um mataria o outro ou ambos se suicidariam. Com uma bala na cabeça, e não com a cápsula fajuta.

Depois de receber de Nóbrega a confirmação do roubo do Aero Willys e ouvir de Reinaldo todos os detalhes sobre a rota de fuga, Juarez voltou-se para o garoto de cabelo comprido e nariz aquilino, que parecia aparentar ainda menos do que os seus 18 anos recém-completados. Carlos Minc Baumfeld cheirava a leite, mas já era respeitado pelos seus pares. Descendente de família judaica, havia se tornado, aos 15 anos, líder estudantil do grêmio do Colégio Aplicação da UFRJ (Universidade Federal do Rio de Janeiro). Inteligente, articulado, recebera de Juarez a missão de fazer o reconhecimento da mansão de Santa Teresa, conferir o tamanho da propriedade, as entradas e saídas, o número de quartos e salas, a quantidade de empregados e moradores e outras informações que ajudassem Juarez a elaborar o plano da Grande Ação.

Após passar três dias observando o movimento nas ladeiras de Santa Teresa e o vaivém dos moradores da mansão, Minc, disfarçado de pesquisador de opinião pública, chegou ao número 2 da rua Bernardino Santos. Foi recebido na mansão pelo próprio informante da organização, que não fazia a menor ideia de que estava diante de um falso pesquisador. Minc também não sabia que o rapaz era o contato de Juarez. Os dois conversaram longamente. Em alguns momentos pareciam velhos amigos. Minc achou curioso ouvir de um alto representante da burguesia carioca críticas veementes à programação da televisão brasileira. Para ele, novelas como *Beto Rockefeller*, estrelada por Luiz Gustavo, só serviam para "alienar o povo". Por um momento, Minc sentiu um pequeno remorso por enganá-lo, mas sabia que na luta armada não havia espaço para sentimentos pequeno-burgueses.

Depois de ouvir o relato de Minc, Juarez deixou o Jangadeiros. O comandante havia pensado em todos os detalhes para a ação, que prometia, além de um bom dinheiro para a organização, colocar os militares na defensiva, se o cofre de fato guardasse documentos que comprovassem a ligação do presidente Costa e Silva com a máfia do jogo do bicho. Roubar o cofre de Copacabana, de propriedade do capitão José Burlamarqui Benchimol, já estava descartado. Seria quase impossível passar o cofre pelas janelas do apartamento sem chamar a atenção de ninguém. O que não era o caso da mansão de Santa Teresa, que parecia ter sido construída para ser alvo de um grande assalto. Localizado no alto de uma colina, encoberto por árvores e dois paredões de 4 a 8 metros de altura, o casarão de 1914 era vigiado por apenas um porteiro, desarmado, que mantinha o hábito de não trancar o portão para facilitar a entrada dos moradores.

Designado por Juarez para elaborar a rota de fuga e cuidar da infraestrutura do assalto, Reinaldo José de Mello, o Maurício, estava havia dois dias sem dormir. Com o roubo do Aero Willys ele já tinha os três carros que seriam utilizados no assalto. Onze guerrilheiros seriam divididos em dois carros, numa caminhonete Rural Willys e numa Veraneio Chevrolet C-14, que seria usada para levar o cofre da mansão de Santa Teresa até um aparelho em Jacarepaguá. Reinaldo completaria o grupo, responsável por dar segurança ao assalto, escolhido a dedo por Juarez. Ele ficaria no banco de trás do Aero Willys, dirigido por Darcy, que por sua vez teria ao lado Sônia. Um trio da pesada. Sétimo filho de uma família de oito irmãos, Reinaldo, mineiro de Nova Lima, era um dos mais sérios quadros da organização. Não estava ali por acaso. Seu pai, operário da Mineração Morro Velho, em Nova Lima, morrera em decorrência da insalubridade do trabalho e sua mãe, empregada doméstica, criara os oito filhos sozinha. Reinaldo estava disposto a dar a vida pela revolução e sabia que o destino da organização dependia muito do resultado da ação em Santa Teresa. Planejara a rota de fuga com cuidado, evitando as ruas mais movimentadas e possíveis emboscadas. O aparelho, no bucólico bairro de Jacarepaguá, onde o cofre seria aberto, parecia ótimo, discreto e com um quintal encoberto por árvores. Ele só estava preocupado com o metalúrgico trazido às pressas do Rio Grande Sul, com a exclusiva missão de abrir o cofre. Nunca ouvira falar do tal Mário, o nome de guerra de Jesus Paredes Soto. Mas Carlos Franklin de Araújo, dirigente da organização e responsável pela escolha de Jesus, garantira que ele era de confiança e que daria conta do recado. Além disso, não havia mais tempo a perder. A Grande Ação estava programada para a tarde de quarta-feira. Havia apenas mais quatro dias para acertar os últimos ponteiros.

    O semblante era de justiceiro mexicano: olhos pequenos e negros e bigode grosso, em forma de ferradura. Jesus, porém, era incapaz de matar uma mosca. Desde que chegara ao Rio não parava de tremer. Estava havia horas sentado na cama de um hotel no Catete, esperando a organização dar a próxima ordem. Não entendera por que o haviam hospedado em um hotel de frente para uma delegacia. Da janela do seu quarto era possível avistar o entra e sai de viaturas. O barulho das sirenes era ensurdecedor. A verdade é que ele não sabia muito bem o que estava fazendo ali. Nunca havia aberto um cofre na vida. Crescera numa família de metalúrgicos e era o caçula de cinco filhos, todos catalões e funcionários da Oficina do Espanhol, de propriedade de Leôncio, o primogênito. Aprendera o ofício com os irmãos e aos 16 anos já era um dos melhores operários de Canoas, cidade da região metropolitana de Porto Alegre. Sabia cortar ferro com maçarico, mas daí a abrir um cofre abarrotado de dinheiro...

    Jesus nem era a primeira opção de Carlos Franklin de Araújo, o advogado que se tornara uma espécie de lenda entre os operários e militantes do Rio Grande do Sul. Araújo havia escolhido outro metalúrgico, Delci Fensterseifer, também funcionário da Oficina do Espanhol, que na última hora desistiu da viagem ao Rio. Na oficina, além de Delci, apenas Jesus tinha ligações com movimentos de esquerda. Mas sua experiência resumia-se a assembleias no Sindicato dos Metalúrgicos de Canoas e a algumas aulas de como montar e manipular explosivos. Na pressa, acabou escolhido para a parte mais importante da missão: abrir o cofre.

Na manhã de domingo, Jesus recebeu a visita do militante João Marques de Aguiar. Os dois tinham pouco tempo para definir qual seria o método usado para abrir o cofre. Foram tomar café juntos no último andar do hotel. Eram 6h e não havia, com exceção dos funcionários, mais ninguém no restaurante. Jesus pensou em abrir o jogo e admitir que não estava pronto para a missão. Mas percebeu, pelo olhar ansioso de João, que seria melhor ficar quieto e levar adiante o combinado. Ele passara a noite inteira imaginando a melhor maneira de abrir o cofre. Parecia claro que deveria ser aberto pela porta, a parte mais frágil, onde se concentrava o segredo. Só ainda não sabia qual dispositivo usar.

— Posso usar algum tipo de explosivo?
— Não, nem pensar — disse João.
— Então vou precisar de um maçarico e de algumas ferramentas.
— Tudo bem. Conte-me como pretende abri-lo.

O café da manhã durou trinta minutos. No fim da conversa, Jesus perguntou quanto a organização pretendia arrecadar com o roubo do cofre. João não sabia dizer quanto, não recebera qualquer informação do comando sobre valores. Mas tudo indicava que o dinheiro do cofre pertencia ao ex-governador de São Paulo Adhemar de Barros.

— Esse cara roubou muito, né? — observou Jesus.
— Sim, e deixou a grana com a amante dele.
— Que história maluca... Quanto você acha que tem no cofre? Chuta.
— Ah, se tiver mais de 100 mil dólares a organização sai da miséria.
— Cem mil dólares? — espantou-se Jesus.

Jesus e João não passavam de dois garotos ingênuos, excitados por participar de uma grande expropriação. Eles nem desconfiavam que estavam perto de entrar para a história como protagonistas de um grande golpe. O roubo entraria para a história da luta armada brasileira e provocaria uma disputa fratricida pelo controle do dinheiro, deixando várias vítimas pelo caminho.

CAPÍTULO 2

Adhemar de Barros estava irreconhecível naquele caixão. Seu imenso corpo, agora inerte, até que se acomodara bem, mas o vermelho habitual do nariz, tapado por duas bolas de algodão, desaparecera por completo. As pálpebras arroxeadas e a boca, meio torta para baixo, davam um tom melancólico ao semblante, algo incomum para o político que se caracterizava pela alegria esfuziante dos populistas. Tão abatida quanto o morto estava Ana Gimol Benchimol Capriglione, a mulher que o ex-governador de São Paulo escolhera para amar e esconder por quase 20 anos e que agora chorava copiosamente sobre a tampa do ataúde. Aquele 15 de março de 1969 também era o dia mais infeliz de Dona Leonor, a esposa oficial, que além de perder a companhia do marido — apesar de suas imposturas, ele era um bom homem — tinha de continuar dividindo-o mesmo na hora da morte. Não se ouviu, porém, qualquer discussão na sala principal do Cemitério da Consolação, em São Paulo. Ana velaria o corpo do amante até o começo da noite e depois se retiraria para que a família cumprisse, em paz, o seu ritual.

Adhemar e Ana conheceram-se nos anos 1940. O ex-governador era colega de universidade do então marido de Ana, o médico Luiz Amadeu Capriglione, renomado cardiologista carioca, que não soube cuidar do próprio coração: morreu precocemente em agosto de 1953, aos 52 anos, vítima de enfarte. Adhemar e sua mulher, Dona Leonor, eram habitués das festas promovidas por Luiz e Ana, no luxuoso duplex do casal, no número 350 da avenida Rui Barbosa, de frente para a baía de Guanabara. Por muitos anos o apartamento serviu de ponto de encontro do *jet set* carioca e da elite política — os Capriglione serviram champagne para o presidente dos Estados Unidos, Dwight Eisenhower.

O amor entre Adhemar e Ana era, aparentemente, impossível. Primeiro, pela questão moral: ele era casado, católico fervoroso, um dos líderes da Marcha da Família com Deus pela Liberdade. Ela, pertencente a uma das famílias mais tradicionais do Rio de Janeiro e viúva de um dos melhores amigos de Adhemar — Luiz chegou a fazer parte do Conselho Nacional do Partido Social Progressista (PSP), fundado pelo político. O outro empecilho era meramente físico: Adhemar era alto e corpulento e Ana não media mais de um metro e meio de altura e o seu peso equivalia à enorme barriga do amante. Juntos, portanto, formavam um casal um tanto diferente, facilmente notado, o que era péssimo para quem desejava permanecer — pelo menos no início do romance — despercebido.

Os hábitos e as maneiras de Adhemar e Ana também não combinavam. Enquanto o ex-professor de ginásio Jânio Quadros, seu principal adversário político, fazia pose, impressionando a classe média com um português empolado, Adhemar, nascido em berço esplêndido, educado em colégios europeus, fluente em inglês, alemão, francês e espanhol, era o mestre do chamado "populismo de barriga". Mangas arregaçadas, suspensórios à vista, dizia uma palavra a cada três palavrões e cumprimentava seus correligionários com umbigadas. A elegante e discreta Ana demorou para se acostumar com o estilo histriônico do amante, mas — assim como seus eleitores — acabou se rendendo ao charme populista de Adhemar.

No começo do relacionamento, Adhemar fez de tudo para esconder Ana dos amigos e parentes, sobretudo de Dona Leonor, sua esposa, mulher discreta, mas de gênio forte, respeitada pela opinião pública por suas ações filantrópicas, que muito ajudaram o marido a angariar votos pelo interior de São Paulo. A primeira providência do político foi inventar um pseudônimo para Ana, para tentar despistar jornalistas e curiosos. Não se sabe até hoje a razão da escolha por "Dr. Rui", mas nos bastidores dizia-se que Rui era o nome do dentista de Adhemar.

O grau de intimidade entre Adhemar e Ana era proporcional ao poder que ela exercia dentro de seus governos. Enquanto Dona Leonor primava pela discrição, aparecendo apenas nos eventos públicos, Dr. Rui circulava pelos bastidores, controlava orçamentos e até nomeava secretários.

Quando Adhemar elegeu-se governador de São Paulo, em 1962, Ana fez *lobby* pela nomeação — para a Secretaria de Educação — do velho amigo Januário Baleeiro de Jesus e Silva, o Padre Baleeiro. Adhemar acatou imediatamente o pedido de Ana, mesmo sabendo da pouca afinidade de Baleeiro com a pasta. O governador não tinha como recusar um pedido da amante sem cometer uma desfeita com o padre que abençoara o namoro proibido entre ele e Ana.

Os dois faziam planos para a vida republicana. Adhemar sonhava em suceder João Goulart na Presidência da República, mas sabia que, de novo, não teria moleza. Ele, que perdera a eleição presidencial de 1955 para Juscelino Kubitschek, teria pela frente, provavelmente, nada menos do que o próprio Juscelino, que imaginava ter apoio suficiente para voltar ao poder, e outras raposas políticas, entre elas Carlos Lacerda, o polêmico governador da Guanabara. A campanha de Adhemar foi marcada por lances bizarros. Ana Capriglione tentou desestabilizar Carlos Lacerda, "contratando" trinta senhoras da alta sociedade carioca para vaiar o governador durante uma prova no Jockey Club Brasileiro, no Rio. O protesto ganhou até adeptos espontâneos, mas não era uma vaia de dondocas que faria um animal político como Lacerda perder o sono.

Quando a deposição de Jango se tornou iminente, Lacerda e Adhemar debandaram rapidamente para o lado das Forças Armadas. Os dois caíram no mesmo conto do vigário: os militares destituiriam Jango, colocariam "ordem na casa" e depois convocariam novas eleições presidenciais. Quando os militares editaram o AI-2, em 1965, seis meses após o golpe, deixando claro que não largariam o osso tão cedo, Adhemar enlouqueceu. De nada adiantou o cafuné do Dr. Rui. O seu maior alvo passou a ser, claro, Castello Branco, o marechal empossado na Presidência.

Não houve na história da República homem mais feio do que Castello Branco. Adhemar passou a explorar o excesso de fealdade do marechal. Durante o programa de Hebe

Camargo, na TV Record, uma das maiores audiências da televisão, ao ouvir a apresentadora, como de costume, se referir ao presidente como "gracinha", Adhemar não se conteve e interrompeu Hebe: "Gracinha? Ele é horroroso, não tem pescoço!" Dizem que as alfinetadas em Castello apressaram a cassação de Adhemar, o que é pouco provável. Primeiro, o próprio Castello, famoso pelo bom humor, nunca sentiu vergonha por ter a cabeça grudada ao corpo. Pelo contrário. Dizia que havia duas imensas vantagens por não ter pescoço: não precisar comprar cachecóis durante o inverno e jamais correr o risco de ir para a guilhotina.

A cabeça de Adhemar estava a prêmio por outros motivos, não pelas ofensas ao presidente. Ele, um político influente de São Paulo, continuava sonhando com a Presidência e, além disso, o seu comportamento em público em nada se assemelhava com o do homem que havia sido o grande articulador da Marcha da Família com Deus pela Liberdade, tão explorada politicamente pelos militares. Adhemar, cansado de hipocrisia, desistiu de seguir ao pé da letra o lema da Marcha, "Família que reza unida permanece unida", e passou a exibir a amante em eventos públicos, sem o menor constrangimento. A gota-d'água teria ocorrido durante um jantar em São Paulo em homenagem ao presidente mundial da Volkswagen, com a presença do *establishment* político da época. Todos foram com suas respectivas mulheres e Adhemar, o anfitrião da festa, com Ana Capriglione. Um escândalo.

Um pouco antes do Golpe de 64, Adhemar conseguira deixar constrangido o menos formal dos políticos, o homem que promovera bacanais com índias Kaapor e que namorou tantas mulheres quanto o amigo Vinicius de Moraes: Darcy

Ribeiro, o antropólogo e ministro de Jango. Em 1963, há tempos adiando uma visita a Adhemar, Darcy, então chefe da Casa Civil da Presidência da República, decidiu ir a São Paulo. Ele receberia uma homenagem de estudantes da Faculdade de Filosofia e aproveitou para fazer a prometida visita ao governador. A primeira providência de Adhemar foi mudar Darcy, hospedado num quarto simples de um hotel, para a suíte presidencial. O mimo não terminava aí: o governador contratou as mais belas "mulheres" de São Paulo e as enviou para a suíte de Darcy, que, reza a lenda, passou dois dias sem sair do hotel. Depois do retiro, o ministro foi, enfim, ao encontro de Adhemar. A visita é narrada pelo próprio Darcy, em seu livro de memórias, *Confissões*:

> (...) *Depois fui à casa da amante de Adhemar, chamada doutor Rui, ali pertinho da Praça da República. Fomos recebidos, eu e o funcionário do MEC que me acompanhava, muito cordialmente, pela referida senhora, que levava um traje longo e tinha todas as joias postas em cima. Nos fez sentar e esperamos alguns minutos. Aí surgiu, para meu espanto, Adhemar de Barros completamente nu, com seu corpo peludo como um macaco. Veio me abraçar, sentou-se ao meu lado, dizendo: "Isso é para quebrar o gelo, Darcy."*

O menos ortodoxo dos anfitriões também estava longe de ser um administrador austero. Durante seu governo, Adhemar contrariou a política de corte de gastos públicos implantada pelos ministros Octávio Gouvêa de Bulhões (Fazenda) e Roberto Campos (Planejamento) lançando títulos públicos (apelidados de "ademaretas") que só podiam ser vendidos a taxas extorsivas de juros. A orgia financeira era completada por uma enxurrada de nomeações de cargos públicos. O governador chegou a marcar uma audiência com Roberto Campos em São Paulo. "Adhemar mandou me receber no aeroporto, mas em vez de encaminhar-me ao palácio dos Campos Elísios, fui conduzido à casa de sua companheira, a chamada 'Casa do Dr. Ruy', onde ele despachava", escreveu Campos, em seu livro de memórias, *A lanterna na popa*. Não se sabe se Adhemar repetiu com o ministro do Planejamento a estratégia usada com Darcy, mas nem o mais íntimo e caloroso dos abraços faria Campos convencer Castello a mudar de ideia: para o bem do Brasil e das finanças públicas, Adhemar deveria mesmo ser cassado. E assim foi feito.

Em 1966, Adhemar partiu, com Ana, para um longo exílio em Paris. A derrocada política debilitou sua saúde, que já não era das melhores. O político voluntarioso deu lugar a um homem amargurado e cansado. Adhemar não conseguiu superar os problemas cardíacos e morreu no dia 12 de março de 1969, no Hospital Broussais, em Paris. O irmão de Ana, Aarão Benchimol, um dos mais renomados cardiologistas brasileiros, chegou a viajar à França para tentar salvar o "cunhado", mas não conseguiu. Às 10h do dia 15 de março, o avião da Air France com o corpo de Adhemar deixou o Aeroporto de Orly rumo ao Brasil.

Arnaldo Baptista dormia com a cabeça nos ombros de Rita Lee quando foi acordado pelo irmão mais novo, Serginho Dias. Os três integrantes de Os Mutantes voltavam de uma bem-sucedida excursão pela Europa e formavam, com um quarto e silencioso passageiro, a tropa de famosos do voo 93 da Air France, que saíra de Paris com destino a São Paulo.

— Arnaldo, acorda, acorda!
— Porra, Serginho...
— Você viu quem morreu?
— Quem?
— O tio Adhemar!
— Quem?
— O tio Adhemar, o chefe do papai.
— Como você sabe?
— O caixão com o corpo dele está no avião.

Arnaldo e Serginho tinham razões de sobra para ter boas lembranças do "tio" Adhemar. O pai dos roqueiros, César Dias Baptista, sustentara a família durante toda a vida com o salário de secretário particular de Adhemar de Barros — só se aposentou depois da morte do patrão. César conhecera o governador meio por acaso — seu primo, José Soares de Sousa, então secretário do político, ficou doente e precisou na última hora de alguém para escrever os discursos de Adhemar. César, bom leitor e com certa facilidade para a escrita, algo raro entre secretários e aspones, aceitou a missão. Seu texto agradou tanto ao político que ele não só foi promovido a *ghost writer* do governador como tomou o lugar do primo. Homem de princípios éticos inabaláveis, César só aceitou o emprego quando Adhemar designou outro posto para José Soares.

Para os quase adolescentes Arnaldo e Serginho só havia algo mais divertido do que assistir a filmes de ficção científica: visitar o hangar do "tio" Adhemar no Campo de Marte e andar a cavalo em sua fazenda em Taubaté, interior de São Paulo. Os feriados de Páscoa também eram inesquecíveis. Adhemar, dono da Lacta, a maior fabricante de chocolates do país, mandava para a casa dos Baptista, no bairro da Pompeia, ovos de todos os tamanhos e tipos, além de caixas de Sonho de Valsa e de Diamante Negro.

Serginho Dias nunca mais se esqueceu de quando entrou pela primeira vez em um carro conversível. Quem estava ao volante não era o "tio" Adhemar, e sim sua amante, uma mulher elegante, que por causa da baixa estatura dirigia com o banco colado ao volante de seu Chevrolet Belair 57. Ao seu lado, Adhemar parecia o homem mais feliz do mundo, assim como os filhos de seu secretário, alheios ao que acontecia no banco da frente.

> *Eu e o Arnaldo passamos a viagem inteira até Petrópolis com a cabeça pra fora do carro, maravilhados. Era a primeira vez que a gente viajava em um carro conversível. Minha mãe foi convidada para ir junto, mas não aceitou. Era muito amiga de Dona Leonor e não admitia qualquer envolvimento com a Ana Capriglione. Já a gente, claro, não tinha a menor ideia do que estava acontecendo. O importante era a farra e a companhia sempre divertida de Adhemar e de Ana, que sabiam levar a vida.*

Os filhos de César Baptista retribuíram — mesmo sem saber — a generosidade do "tio" Adhemar. Arnaldo e Sérgio eram muito pequenos e não se lembram, mas Claudio, o irmão mais velho, se recorda muito bem do dia em que teve de carregar algumas sacolas pesadas para um escritório do Centro de São Paulo. Para não levantar suspeitas, era comum Adhemar pedir aos meninos, filhos de seu secretário, para que carregassem sacolas de dinheiro. César, discreto e fiel ao patrão, jamais comentou a história com os filhos, mas, anos depois, já adulto, Claudio soube o destino das misteriosas sacolas: elas serviram para engordar a famosa "Caixinha do Adhemar".

Adhemar havia se projetado nacionalmente como político pelas mãos de Getúlio Vargas, que o nomeara interventor de São Paulo em 1938. Ao nomear um político jovem, sem grande experiência, Vargas achou que seria mais fácil controlá-lo. Não contava com a astúcia de Adhemar, nem com sua grande capacidade para fazer alianças. O "populismo de favores" o levou ao topo da política nacional e o tornou ainda mais rico. Vargas livrou-se dele enquanto teve poderes para tanto, cassando-o, em 1941, por "malversação de recursos públicos".

Eleito governador em 1947, Adhemar transformou São Paulo em um canteiro de obras no mesmo ritmo — acusava a oposição — em que aumentava seu patrimônio. Era o chamado "Rouba, mas faz", expressão cunhada pelo jornalista Paulo Duarte, inimigo ferrenho de Adhemar. Raposa política, o governador soube tirar proveito político do bordão. Se o povo paulista era agradecido pela construção do Hospital das Clínicas, do Instituto do Coração, da Via Anchieta, da Via Anhanguera, dos sanatórios para tuberculosos, obras de seu governo, nada mais justo que ele engordasse sua caixinha. O governador adorou quando ouviu pela primeira vez no rádio a marchinha de Herivelto Martins e Benedito Lacerda, "Caixinha do Adhemar":

> *Quem não conhece?*
> *Quem nunca ouviu falar?*
> *Da famosa "caixinha" do Adhemar*
> *Que deu livros, deu remédios, deu estradas*
> *Caixinha abençoada!*

Para os adversários não havia dúvidas: Adhemar institucionalizara o caixa dois. Nunca, porém, ficou provado se o dinheiro que alimentava a famosa caixinha provinha do superfaturamento de suas obras. Também nunca se soube a razão do diminutivo. A caixinha, acusava a oposição, nada mais era do que oito cofres abarrotados de dólares, guardados em propriedades de Adhemar. Eles teriam sido abastecidos semanas antes da cassação do governador, que faturara milhões de dólares em uma operação envolvendo vacinas doadas por organismos internacionais. Adhemar teria vendido as vacinas a laboratórios particulares e mandado aplicar injeções de água no povo. Era a água abençoada de Adhemar.

A repressão, que cassara Adhemar, estava de olho no seu espólio havia muito tempo. O ex-governador enviara boa parte do dinheiro para a Europa, onde viveu com um alto padrão de vida durante os três anos de exílio. Mas alguns cofres ainda estavam cheios e espalhados por propriedades do político na capital e no interior de São Paulo. Os cofres também continham, além de dinheiro, documentos secretos, que ligavam o ex-governador e políticos poderosos ao jogo do bicho e a outras atividades ilegais. Com a morte de Adhemar, Ana tratou de levar o dinheiro e os documentos para fora do alcance dos militares. Cerca de 5 milhões de dólares, uma grande fortuna, avaliada hoje em 60 milhões de reais, foram divididos em partes iguais e enviados para dois cofres, guardados em duas propriedades no Rio de Janeiro. A primeira ficava em Copacabana e pertencia ao oficial da Marinha José Burlamarqui Benchimol, seu irmão, homem de grande prestígio e, portanto, insuspeito. O segundo cofre ficaria em uma mansão em Santa Teresa, onde vivia seu outro irmão, o cardiologista Aarão Burlamarqui Benchimol, o mesmo que viajara a Paris para tentar salvar — em vão — o coração de Adhemar.

O palacete de Santa Teresa, uma imensa construção art déco do início do século XX, inspirada nos castelos da Côte d'Azur, não era apenas habitado por Aarão e sua família. A propriedade de 16 salas e uma dúzia de quartos pertencia à família da mulher do cardiologista, Yole Seabra Buarque, que a dividia com a irmã, Yedda Seabra Buarque, casada com o administrador de bens Silvio Brandon Schiller. No térreo da casa moravam Yedda, Silvio e os três filhos. A parte de cima, com entrada independente, era reservada a Aarão e Yole e os filhos Claudio e Mônica, casada com Edson, médico como o sogro.

Ana relutou um pouco antes de entregar os milhões de dólares a Aarão, sabendo que o irmão dividia a mansão com seu concunhado. Mas o cardiologista lembrou a Ana que os Schiller dificilmente causariam problemas. Ana conhecia bem o irmão de Silvio, Waldemar Schiller, figura lendária da noite carioca, morto no incêndio da boate Vogue em 1955.

Também encontrara algumas vezes com o próprio Silvio durante as reuniões familiares e tivera as melhores impressões possíveis. Não, não havia nada a temer. Aparentemente. O que Ana não sabia — e nem a própria família desconfiava — era que Gustavo, filho caçula de Silvio Schiller, o secundarista que promovia leituras de Marx na biblioteca do casarão, já tinha planos para o cofre.

CAPÍTULO 3

Gustavo Schiller estranhou o cochicho vindo da sala ao lado da biblioteca. Passara a tarde lendo Graciliano Ramos e estava atrasado para a reunião da militância. Curioso, aproximou-se da porta da sala e deu uma rápida espiada. Sua mãe, Yedda, e sua tia, Yole, conversavam, uma ao lado da outra, o que não era habitual. Elas costumavam manter uma distância aristocrática para tomar o chá das cinco, cada uma sentada em uma ponta da mesa. Gustavo nunca havia se interessado pela conversa das duas. Seu universo se tornara cada vez mais distante do da família. Mas o tom de voz de ambas era estranho. Pareciam discutir, o que também não era comum entre os Buarque. Por um momento, as duas se calaram. Sua mãe, nervosa, balançava a cabeça para os lados, enquanto Yole tentava acalmá-la, apertando suas mãos. Gustavo achou que era a hora de interromper a discussão, mas deu um passo para trás assim que a conversa foi retomada.

— Yedda, é apenas um cofre...

— Mas por que ele tem de ficar aqui em casa se não nos pertence?

— A Ana prometeu ao Aarão que ele ficará aqui apenas por um tempo...

— Ela disse o que há no cofre?

— Dólares e documentos.

— Que documentos?

— Documentos do Adhemar.

— Boa coisa não deve ser. Ouvi dizer que ele tinha negócios com o presidente Costa e Silva. Jogo do bicho, parece.

— Calma, Yedda...

— Estamos correndo perigo ao guardar esse cofre aqui.

— Mas vai ficar lá em cima, Yedda, na nossa casa. Fique tranquila.

— Tá bom, Yole. Não conte nada para os meninos. Quanto menos gente da família souber da existência desse cofre, melhor.

O coração de Gustavo havia disparado. Ele deixou a mãe e a tia conversando e partiu direto para o bairro de Botafogo, onde ficava a sede do Colégio Andrews, uma das instituições de ensino mais tradicionais do Rio de Janeiro. O Brasil já vivia sob a sombra do AI-5 e grupos de secundaristas haviam se mobilizado para criar uma grande frente de esquerda. Alunos de cerca de dez colégios particulares se revezavam para promover reuniões políticas e para estreitar os laços dos secundaristas com a luta armada.

Gustavo, elogiado pelo comportamento sério e centrado, sempre interessado nos debates políticos, passara a reunião inteira calado. Ele estava perto de tomar a decisão mais importante da sua vida: colocar sua família em risco em nome da revolução socialista. Gustavo sabia das dificuldades das organizações de esquerda, cada vez mais encurraladas pela repressão. Os militantes chegavam despreparados às organizações e os assaltos a bancos rendiam mais baixas do que dinheiro. Além disso, o Exército, com a ajuda de empresários, discutia a criação de uma unidade local do DOI-Codi, inspirada na Oban paulista, que prometia caçar impiedosamente os opositores do regime, usando todos os recursos e métodos possíveis.

Gustavo esperou a reunião terminar e com a sala quase vazia dirigiu-se ao seu coordenador, um dos responsáveis por intermediar o contato dos secundaristas com os grupos guerrilheiros. Vicente Bastos Ribeiro era um sujeito boa-praça, irmão mais novo do compositor Ronaldo Bastos, futuro integrante do Clube da Esquina, movimento liderado por Milton Nascimento e Lô Borges. Vicente sabia ouvir e tinha prazer em conversar com Gustavo. Sempre que se encontravam, falavam mais de literatura do que de política. Mas naquela noite, chamado para conversar no fundo da sala, Vicente notou que o estudante do Colégio Andrews estava tenso, mais ansioso do que de costume.

— E aí, Bicho, o que anda lendo? — perguntou Vicente.

Gustavo era chamado de Bicho por quase todos os amigos e colegas de militância. Ganhara o apelido por usar a gíria com excessiva frequência. Não havia uma só frase que ele não iniciasse ou terminasse com a palavra bicho.

— Eu preciso te contar uma coisa, bicho.

Gustavo narrou o diálogo entre a mãe e a tia, que ele havia ouvido. Contou também um pouco da relação de sua família com Adhemar de Barros, o ex-governador de São Paulo. Explicou que Ana Capriglione, a amante de Adhemar, era irmã de Aarão, casado com sua tia, Yole.

— Você chegou a verificar se o cofre está mesmo na sua casa?
— Não, bicho, eu vim direto para cá.
— Onde você acha que eles o esconderam?
— Está na casa de cima, onde moram os meus tios.
— Eu preciso ter certeza de que esse cofre está lá antes de passar a informação.
— Sim, pode deixar, bicho.
— Se essa história for mesmo verdadeira, a nova organização vai estrear com o pé direito.
— Nova organização?
— É. Depois converso com você sobre isso. Agora, volte para casa e dê um jeito de descobrir se o cofre está mesmo lá.

A nova organização, que Vicente não revelara a Gustavo, já tinha nome e estatuto. A Vanguarda Armada Revolucionária, a VAR-Palmares, fundada no dia 1º de julho de 1969, nascia da união de duas entidades, a Vanguarda Popular Revolucionária (VPR) e o Comando de Libertação Nacional (Colina). As duas organizações, VPR e Colina, tinham origens idênticas, constituídas e fortalecidas por quadros dissidentes da Política Operária (Polop) e do Movimento Nacionalista Revolucionário (MNR), ligado a Leonel Brizola, militantes que não tinham o menor cacoete para discussões teóricas e sentiam cócegas de partir logo para a luta armada.

Eram os chamados "foquistas", que priorizavam o foco guerrilheiro no campo e a guerrilha urbana e viviam às turras com os "massistas" — esses acreditavam que a revolução só seria possível com uma insurreição geral no país, depois de um longo processo de greves, ações de guerrilha e manifestações de massa. Resumindo: os massistas queriam uma revolução lenta, gradual e segura, e os foquistas, partir logo para a porrada.

Tanto a VPR quanto o Colina haviam chegado à fusão enfraquecidos, com várias baixas em seus quadros, vítimas de seu próprio apetite militarista. A VPR era imagem e semelhança de seu comandante, o ex-sargento Onofre Pinto, um mulato de voz fina e óculos de aros grossos, que antes mesmo do Golpe de 64 já comandava uma célula comunista dentro do quartel de Quitaúna, em Osasco. Presidente da Associação dos Sargentos e Suboficiais da Polícia Militar de São Paulo, ligada politicamente ao presidente João Goulart, Onofre criou o Grupo de Osasco, formado por ex-sargentos e remanescentes do MNR de Brizola e pela dissidência foquista da Polop. Nascia o embrião da Vanguarda Popular Revolucionária, a VPR, fundada em março de 1968, organização que rejeitava a "punheta ideológica" dos massistas e se dizia pronta para incendiar o país.

No início, a VPR de Onofre Pinto beneficiou-se da inoperância dos órgãos de segurança, que ainda não estavam estruturados e desconheciam o poder de fogo da guerrilha urbana, para promover uma série de ações espetaculares. A primeira, o roubo de 11 fuzis FAL do Hospital Militar do

Cambuci, em São Paulo, não chegou a amedrontar o general Manoel Rodrigues Carvalho de Lisboa, comandante do II Exército, que, em uma entrevista ao jornal *O Estado de S. Paulo*, chamou os homens de Onofre para o pau: "Não houve nenhum heroísmo por parte do inimigo em entrar num hospital e roubar minhas armas. Agora, desafio que façam isso em meus quartéis..."

A VPR reagiu à provocação do general com violência, lançando um carro-bomba com 50 quilos de dinamite contra o Quartel-General do II Exército, no Ibirapuera, ação que terminaria com a morte de um soldado de 18 anos. Não houve nem tempo para a repressão organizar o contra-ataque. No mesmo dia em que 700 estudantes eram presos no congresso clandestino da UNE, em Ibiúna, em São Paulo, a VPR, com a ajuda da ALN, executava com seis tiros no peito e uma rajada de metralhadora INA .45 o capitão do Exército dos EUA Charles Rodney Chandler, ex-combatente da Guerra do Vietnã.

Foi a vez de Onofre Pinto incitar os militares, deixando um panfleto no carro do oficial. Na carta, a VPR justificava o assassinato criticando os crimes de guerra contra o povo do Vietnã e advertindo a todos os seguidores de Chandler "que, mais dia, menos dia, ajustarão suas contas com o tribunal revolucionário". Era Onofre tendo mais uma crise de megalomania: "Brasil, Vietnã da América! O dever de todo revolucionário é fazer a revolução. Criar um, dois, três Vietnãs, eis a palavra de ordem de Che Guevara."

A repressão reagiu à altura. O discurso do deputado oposicionista Marcio Moreira Alves (MDB) condenando a invasão da Universidade de Brasília por PMs e agentes do

Dops serviu de pretexto para a "tigrada" (expressão muito usada pelo economista Delfim Netto para classificar a linha-dura do Exército) dar o bote. No dia 13 de dezembro de 1968, 24 membros do alto escalão do governo militar se reuniram no Palácio Laranjeiras, no Rio, para editar o Ato Institucional nº 5 o AI-5, que ampliou as restrições às liberdades e transformou práticas como a tortura em política de Estado.

Onofre, o "tigrão" da VPR, sentiu que chegara a hora de pôr em prática o mais ousado dos seus planos, a ser executado em parceria com um capitão do quartel em Quitaúna, que ainda não havia desertado, mas havia muito tempo conspirava contra o governo. Um oficial com grande poder de liderança, que ganhara fama como o melhor atirador da história do 4º Regimento: Carlos Lamarca. Lamarca, entocado no quartel, acreditara na história de Onofre. O comandante da VPR garantira que a organização já tinha poder de fogo suficiente para iniciar a guerrilha no campo e que a queda dos militares era uma questão de tempo. A demonstração de força da VPR seria dada com a cinematográfica saída do próprio Lamarca e de mais três militares de Quitaúna, que fugiriam do quartel levando 560 fuzis e dois morteiros. Com o arsenal em mãos, os homens de Onofre e Lamarca comandariam ataques simultâneos em São Paulo, que incluíam o bombardeio do Palácio dos Bandeirantes, sede do Governo do Estado, do Quartel-General do II Exército e da Academia de Polícia. Os guerrilheiros também tomariam a torre de controle do Campo de Marte, convulsionando o sistema de comunicação aérea da cidade.

O plano de Onofre era tão mirabolante que sofreu resistência interna. O fogo amigo partiu do grupo liderado pelo militante e professor de filosofia João Quartim de Moraes, formado por Renata Guerra de Andrade, Wilson Fava e Valdir Saparu, além de outros militantes, que criticavam o belicismo de Onofre e defendiam um recuo estratégico da VPR. Personalista, Onofre recusou-se a discutir a questão no congresso da organização, acusando o grupo de Quartim de conspirar para a volta do velho pacifismo reformista do Partido Comunista Brasileiro (PCB). A queda de braço terminou com o grupo de Quartim expurgado da VPR, sem direito a defesa. Renata Guerra de Andrade conta um pouco do clima na época e detalhes da sua expulsão:

> *A turma do Onofre não tinha qualquer preocupação ideológica. O negócio dessa gente era dar tiro. A saída do Lamarca do Exército já era uma loucura, um delírio. Ele já estava louco para sair, não aguentava mais aquela vida, mas a gente não tinha a menor estrutura para recebê-lo, muito menos para empunhar o arsenal que eles pretendiam roubar. Ele se deixou levar pelo Onofre, que era um sujeito bem-intencionado, mas muito ingênuo. Quando a gente disse a ele que os ataques a São Paulo não avançariam um milímetro na tomada do poder e que incitariam ainda mais a repressão, Onofre decidiu pela expulsão do grupo.*

O plano da VPR foi considerado precipitado até mesmo pelo mais impetuoso dos guerrilheiros, o comandante da Aliança Libertadora Nacional (ALN), Carlos Marighella. O então inimigo número 1 do regime militar advertiu Onofre Pinto sobre a falta de estrutura da VPR, que não teria forças para resistir a uma contraofensiva da tigrada. Onofre ignorou a advertência de Marighella e marcou a data para a fuga de Lamarca: 29 de janeiro de 1969. O capitão deixaria Quitaúna em um caminhão pintado com as cores do Exército.

    Onofre e Lamarca, porém, não contavam com o acaso. Três dias antes da ação, os militantes responsáveis pela pintura do falso caminhão do Exército foram descobertos por um garoto, que perguntou aos guerrilheiros o que um caminhão do Exército fazia nos fundos de um sítio em Itapecerica da Serra. Colocado imediatamente para correr, o menino comentou a história com o pai, que, desconfiado, chamou a polícia. Os militantes da VPR acabaram presos e Lamarca e os outros três desertores foram obrigados a deixar o quartel imediatamente, sem plano de fuga. Saíram apressados numa caminhonete Kombi com 63 fuzis e três metralhadoras, um pouco mais de 10% do arsenal pretendido.

    Marighella e Quartim de Moraes estavam certos. A deserção de Lamarca e o roubo dos fuzis atiçaram ainda mais a repressão, que conseguiu rapidamente desarticular a estrutura da VPR, prendendo importantes quadros da organização até chegar ao seu comandante. Onofre, o homem que sonhara com um ataque apocalíptico em São Paulo, acabou preso no dia 2 de março de 1969. A VPR não tinha sequer estrutura para guardar as armas roubadas de Quitaúna — teve de pedir ajuda à ALN de Marighella para esconder os 63 fuzis.

    Lamarca, que saíra apressado do quartel com a missão de organizar os ataques simultâneos, foi colocado na linha de frente de dois assaltos a bancos, que renderam, juntos, míseros 518 cruzeiros novos à VPR. Para piorar, Marighella havia se recusado a devolver os fuzis guardados provisoriamente pela ALN. Só aceitou devolver a metade do arsenal depois da intervenção diplomática de Joaquim Câmara Ferreira, cacique da ALN, que evitou um derramamento de sangue entre duas das principais organizações guerrilheiras.

O Comando de Libertação Nacional, o Colina, também estava em ruínas. Seu líder, Ângelo Pezzuti, havia sido preso, além de outros importantes membros da organização. O Colina contava com um pequeno exército de "deslocados", cerca de 50 militantes vindos de Minas Gerais para o Rio, que não tinham nem onde e como se organizar, exatamente no momento que a repressão dava o bote. O Colina precisava de estrutura para abrigar seus militantes, enquanto a VPR não tinha mais quem empunhasse suas armas. A fusão entre as duas organizações era inevitável.

A VAR-Palmares nascia com 312 militantes e uma estrutura enxuta: metade dos fuzis roubados de Quitaúna, algumas metralhadoras e um punhado de revólveres e granadas. O comando da nova organização, formado por Carlos Lamarca, Antônio Roberto Espinosa, Juarez Guimarães de Brito, Maria do Carmo Brito, Carlos Franklin de Araújo e Carlos Alberto de Freitas, reunia as melhores cabeças e os quadros mais experimentados da VPR e do Colina. Faltava apenas um fato novo, algo que representasse um fio de esperança para a guerrilha armada, combalida pelo contra-ataque da tigrada, essa sim cada vez mais estruturada e organizada.

No congresso de Mongaguá que oficializou a fundação da VAR-Palmares, o comando da organização decidiu diminuir os números de assaltos a bancos e loterias para dar prioridade a ações de maior impacto. Juarez, conhecido por todos pelo pseudônimo de Juvenal, pediu a palavra. Um de seus contatos, que circulava muito bem entre a militância estudantil, passara uma informação valiosa. Um estudante secundarista garantira que no andar de cima da mansão onde ele morava, em Santa Teresa, existia um cofre com dólares e documentos que pertenciam a Adhemar de Barros. Juarez contou com detalhes a história, explicando a relação de Adhemar e Ana Capriglione. A pedido do seu contato, o estudante havia subido ao segundo andar e atestado pessoalmente a existência do cofre.

— Juvenal, você acha que já temos condições de roubar o cofre? — perguntou Lamarca.

— Sim, temos. Já tenho a minha equipe na cabeça.

— Em quanto tempo você consegue elaborar o plano de assalto?

— Duas semanas, no máximo. Precisamos apenas realizar um assalto a banco, para juntar mais dinheiro e armas.

— Ótimo. Reúna os melhores. Não podemos errar.

— Sim, capitão.

A ordem na nova organização — depois dos arroubos megalomaníacos de Onofre Pinto — era manter os pés no chão e não exagerar na empolgação. Lamarca, porém, não resistiu e decidiu batizar o assalto à mansão de Santa Teresa, a primeira investida da VAR-Palmares, de "Grande Ação".

CAPÍTULO 4

Darcy olhou para o relógio pela terceira vez nos últimos cinco minutos. Eram 14h20. O tempo parecia não passar. Ele não via a hora de pôr as mãos no maldito cofre e se livrar daquela roupa de playboy. Imagine ele dando ordens para os soldados em Quitaúna com gumex nos cabelos e sapato Spinelli? Até o bigode, milimetricamente aparado, perdera a personalidade. Aquilo era pouco diante das privações que a luta armada ainda iria lhe impor, mas nada mais humilhante do que se vestir como um pequeno-burguês. Às 14h30, como combinado, Darcy espiou pela janela. O Aero Willys Itamaraty branco, com placa falsa de São Paulo, impecavelmente limpo, já estava estacionado em frente ao seu aparelho, no Humaitá. Reinaldo, ao volante, parecia mais tenso do que o costume. Ele sabia que o destino da organização dependia muito do sucesso do assalto à mansão de Santa Teresa. Será que o cofre estaria mesmo abarrotado de dólares? E os documentos que incriminavam Adhemar de Barros e o presidente Costa e Silva? Existiriam de fato ou era apenas parte do delírio de um estudante deslumbrado com a possibilidade de mudar o país?

Até Juarez, que normalmente não participava dos assaltos, por causa de sua importância dentro da organização, decidira ir para a linha de frente. Não deixava de ser um gesto de desespero, ainda mais se tratando do frio e calculista Juarez, que jamais se precipitara — bem diferente da impetuosidade de Onofre Pinto, que sonhava em colocar fogo no país valendo-se de meia dúzia de guerrilheiros.

Darcy sentou no banco de trás do Aero Willys. De onde estava, dava para ver as granadas que Sônia carregava no banco da frente. Ela, como sempre, parecia à vontade, com a peruca loura e o inseparável fuzil FAL 765. De batom vermelho e calça jeans, conversava com Darcy como se estivesse indo a um boteco do Leblon com dois velhos amigos:

— Como você tá lindinho de playboy — provocou Sônia.

— Vai começar? — respondeu Darcy

— Você não relaxa nunca?

— Porra, estamos numa guerra, esqueceu?

O trio responsável pela segurança do assalto tinha 50 minutos para chegar ao palacete de Santa Teresa. O Aero Willys ficaria estacionado a cerca de 20 metros da entrada principal da mansão, na rua Bernardino Santos. Lá permaneceria 30 minutos, o tempo calculado para que o cofre fosse colocado dentro da Veraneio Chevrolet C-14 e partisse rumo a Jacarepaguá, onde seria aberto no quintal de um aparelho. Darcy, Reinaldo e Sônia também seriam os responsáveis por dar cobertura durante todo o trajeto da C-14 até Jacarepaguá. Juarez havia deixado bem claro: o cofre tinha de chegar até o aparelho de qualquer jeito. Se a C-14 fosse parada em uma blitz, a ordem era mandar bala e não economizar granadas. Caso o ataque não fosse bem-sucedido, os integrantes do Aero Willys e da C-14 não deveriam ser capturados vivos. O suicídio era recomendado a todos, já que a prisão do grupo, formado por militantes experientes, praticamente levaria ao desmantelamento da VAR-Palmares.

Não houve sobressaltos no trajeto até a mansão, com exceção da subida de um quilômetro da rua Cândido Mendes até a Bernardino Santos. O Aero Willys trepidava sobre os paralelepípedos e por um momento Sônia achou que as granadas saltariam pela janela. Minutos depois de o Aero Willys parar em frente à mansão, do outro lado da rua, a Chevrolet C-14 cinza e a Rural Willys verde e branca estacionaram diante do portão da entrada principal do número 2 da Bernardino. Eram 15h30 de uma quarta-feira e a rua estava quase deserta — dois meninos jogavam bola a 200 metros de distância. Havia também pouca movimentação no interior da mansão. Na parte de cima, onde morava a família de Aarão Benchimol, apenas seis empregados circulavam pela casa. Aarão trabalhava em sua clínica em Copacabana; Yole, sua mulher, fazia compras. Os filhos Claudio e Mônica, ambos estudantes, curtiam as férias e Edson Saad, cardiologista casado com Mônica, também atendia em seu consultório.

O clima era de tranquilidade na parte térrea da mansão. O administrador de bens Silvio Schiller, o chefe da família, despachava em seu escritório no Centro do Rio. Yedda, sua mulher, decidira ir ao dentista e Bernardo, o filho do meio do casal, ao barbeiro. Gustavo, o caçula, que andava cada vez mais misterioso, conversando baixinho com amigos na biblioteca, partira apressado para a casa da família em Petrópolis, com a intenção de curtir a última semana das férias. Naquela tarde, além dos seis empregados, apenas um Schiller estava na casa do andar de baixo. Silvinho, o filho mais velho de Silvio e Yedda, passara boa parte do ano trancado no quarto, tentando dar ritmo a um livro que ele jamais acabaria. Aos 25 anos, nunca havia trabalhado e se recusara a fazer faculdade. Quem pagava as contas do casal era a mulher Regina, taquígrafa da Assembleia Legislativa.

Nóbrega foi o primeiro a descer da C-14. Usava o velho terno preto dos tempos de Polícia Federal e um documento falso com o nome de coronel Rodrigo Lopes Fontenelle. O portão da mansão, como Minc havia relatado, estava apenas encostado e Astor, o pastor-alemão, não era necessariamente um cão de guarda: abanou o rabo assim que viu Nóbrega entrar na casa. O vigia do casarão também era manso. Argemiro Pereira da Silva nunca havia atirado na vida — nem arma tinha. Era o segurança, mas na prática passava mais tempo fazendo reparos do que na vigília. Naquela tarde, ajudava o jardineiro Antônio Marques a podar uma árvore e nem percebeu o movimento em frente à mansão.

Nóbrega ajeitou o terno, tirou o mandado falso do bolso e tocou a campainha. Não precisava fazer o menor esforço para se passar por um policial federal. Do outro lado da rua, Darcy, Reinaldo e Sônia viram o momento em que Nóbrega foi recebido por Argemiro. Por um momento, o vigia achou que o homem de bigode havia tocado a campainha na casa errada. Mas sentiu que havia algo de estranho assim que colocou a cabeça para fora do portão e viu a C-14 e a Rural Willys lotadas de homens armados, todos de terno preto.

— Pois não, o que o senhor deseja? — perguntou Argemiro.

— Sou o coronel Fontenelle. Vimos porque seu patrão possui armas de guerra e material subversivo.

— Material subversivo? — espantou-se Argemiro.

— Documentos subversivos em nome do Dr. Aarão.

Argemiro achou a conversa estranha. Por que o Dr. Aarão, um dos maiores cardiologistas do Rio de Janeiro, amigo do general Brum Negreiros, guardaria em casa documentos subversivos? E que história era aquela de armas de guerra? Na casa havia apenas um revólver .38, que nunca havia saído da gaveta do escritório do Dr. Aarão. O primeiro impulso de Argemiro foi fechar o portão, mas Nóbrega o abriu com violência, usando a sola do pé direito. O vigia estava disposto a reagir, a se atracar com o falso policial, mas outro homem havia surgido do nada. Carregava dois revólveres na cintura e uma metralhadora Thompson nas costas. Parecia um caubói de faroeste italiano: rosto moreno e anguloso, estatura mediana e um jeito de olhar de quem sabia que estava no controle da situação. Apontava duas pistolas em direção a Argemiro.

— Se reagir eu te encho de bala.

— Calma, Noventa, ele não vai reagir, não. Não é louco — disse Nóbrega.

Wellington Moreira Diniz, o motorista da C-14, ganhara o apelido de Noventa por usar sempre duas pistolas .45. Exímio atirador, tinha o costume de sacar as duas pistolas ao mesmo tempo. Gostava de fazer o tipo durão. Alguém havia dito — e ele nunca mais esquecera — que ele era o John Wayne da VAR-Palmares. Homem de confiança de Juarez e excelente motorista, seria o responsável por dirigir a C-14 até o aparelho em Jacarepaguá. Enquanto Nóbrega abria o portão, Wellington voltou para a C-14. Juarez estava no banco da frente, apreensivo:

— Problemas com o vigia?
— Não, ele já se acalmou.

Wellington acelerou a C-14 pela íngreme alameda que levava ao casarão, seguido de perto pela Rural Willys. Nóbrega subiu a pé, com a arma apontada para o vigia e para o jardineiro. O Chevrolet foi estacionado aos pés da escadaria de granito, que dava acesso ao segundo andar. Juarez desceu, abriu o bagageiro e deu a ordem:

— Cada um sabe o que fazer. Temos trinta minutos para colocar o cofre dentro da C-14. Mãos à obra.

No banco de trás da Rural Willys, espremido entre João Marques Aguiar e Minc, Jesus Paredes passara o trajeto inteiro até Santa Teresa sem dizer uma palavra. Estava perto de sofrer um surto de ansiedade. Desde que chegara ao Rio, ele não conseguira pregar o olho naquele hotel do Catete, ao lado da delegacia. Não era para menos. Ele seria o responsável por abrir um cofre abarrotado de doláres — logo ele, que nunca havia aberto um cofre na vida. Sua missão não terminava aí. Ele tinha de armar um jeito de fazer com que o cofre descesse as escadarias da mansão diretamente para o bagageiro da

C-14. Descer um cofre daquele peso por 20 degraus levaria muito tempo — e Juarez tinha pressa. Jesus perdeu mais uma noite de sono para bolar uma rampa de madeira presa com cordas de aço, que, acreditava o operário, faria o cofre deslizar, intacto, para dentro da C-14.

Enquanto Jesus e João Marques montavam a rampa de madeira, o resto do bando se dividiu. Juarez, Nóbrega e Wellington subiram a escadaria lateral em direção à casa de Aarão, onde estava o cofre. Os outros três ocupantes da Rural Willys — Minc, Fernando Ruivo e João Domingues — ficaram responsáveis pela casa térrea. A ordem era render todos os empregados da família de Gustavo, amarrá-los e levá-los para o andar de cima, onde seriam presos no escritório de Aarão juntamente com os empregados do segundo andar. Se algum parente de Gustavo fosse encontrado, também deveria ser amarrado, algemado e levado para cima e preso na despensa ao lado da cozinha, separado dos serviçais.

Minc, João Domingues e Fernando Ruivo separaram-se rapidamente. Minc teria pouco tempo para esvaziar os pneus dos carros da garagem e cortar os fios telefônicos. João Domingues entraria pela porta principal e Fernando Ruivo pela de serviço. Alto, com grandes olhos castanhos e o cabelo levemente avermelhado, Ruivo dividia com José Dirceu o título de galã da rua Maria Antônia, o centro nervoso da militância estudantil de São Paulo, onde ficava a Faculdade de Filosofia da USP. Mas, ao contrário do futuro ministro-chefe da Casa Civil, Fernando jamais experimentou as vantagens do amor livre. Tímido para os padrões libertários da Maria Antônia, nunca aceitara trocar um acalorado debate no Comitê Universitário do PCB por uma boa trepada no Treme-Treme — convites não faltaram. Fernando era um autêntico VB, sigla de "Verdadeiro Bolchevique", título dado aos militantes que, em nome de seu ideal político, se recusavam a viver hedonisticamente. O que não impediu, porém, Sônia de seduzi-lo. Os dois moravam juntos em um aparelho da organização.

Ruivo abriu devagar a porta da área de serviço. Duas mulheres conversavam aos berros. Maria Romana, a cozinheira, grudada ao fogão, passava para Adelina, a copeira, um resumo do que acontecera no capítulo anterior da novela *Beto Rockefeller*, da TV Tupi, a maior audiência da televisão. Em menos de dez minutos, Fernando e João Domingues já haviam vasculhado os vinte cômodos da mansão e rendido todos os seis empregados, além de Silvinho Schiller, que, atônito, não esboçou qualquer reação. Apenas Iolanda, a arrumadeira, deu um pouco de trabalho a João Domingues, que a surpreendeu no momento em que ela varria a sala de jantar. Iolanda não só não se intimidou com a presença do guerrilheiro como disse que só aceitava ser amordaçada após terminar seu serviço.

No andar de cima, Juarez, Nóbrega e Wellington também não encontraram dificuldades para render seis empregados. Eles se juntaram aos funcionários do casarão de baixo e foram levados ao escritório de Aarão. Silvinho foi trancado na despensa. Quinze minutos haviam se passado e tudo saíra como planejado. Juarez, porém, estava cada vez mais nervoso. Falava alto e gesticulava mais do que de costume. Descera diversas vezes para ver como estava sendo preparada a prancha de madeira. Ele achara Jesus inseguro demais. Não conseguira entender o que o menino pretendia fazer com aquelas tábuas de madeiras e com as cordas de náilon. Jesus gaguejou durante toda a explicação, não parecia confiar nem em si mesmo. Mas não havia mais tempo a perder. Além do mais, de que adiantaria construir um carrinho de madeira perfeito se não houvesse cofre algum na mansão? Juarez tinha apenas a garantia de um simpatizante da organização e mais nada. Mobilizara a elite da tropa naquela operação. Era a primeira vez que ele, Nóbrega, Wellington, Ruivo, Sônia, Domingues, Darcy, Reinaldo e Minc participavam juntos de um assalto. O destino da recém-criada VAR-Palmares dependia exclusivamente do sucesso da Grande Ação, que corria o risco de virar um grande fiasco.

Do lado de fora da mansão, entocados dentro do Aero Willys, Darcy, Sônia e Reinaldo vigiavam a rua. Nenhum imprevisto havia ocorrido até que os dois meninos que jogavam bola, observados pelo trio de guerrilheiros desde o começo da ladeira, pararam em frente ao portão. Um dos meninos gritou, com a cabeça enfiada no portão:

— Tio!!!

O garoto, João Carlos, era sobrinho de um dos empregados da casa e trouxera o primo Lumerci para conhecer o palacete. Darcy acabou logo com a farra. Pegou os dois meninos pelo braço e sem dizer uma palavra entregou-os a Minc que, ao ouvir o grito do garoto, descera até o portão.

Depois de trancar os empregados no escritório de Aarão e Silvinho na despensa, Juarez, Wellington, Ruivo e Nóbrega partiram em busca do cofre. Domingues e Minc ficaram, cada um, vigiando a entrada das duas casas. Juarez caminhou com pressa em direção ao *hall*. O cofre, pelas informações passadas por Gustavo, estava debaixo de uma discreta escada em forma de caracol, que dava acesso à torre da mansão. Ela ficava meio escondida ao lado esquerdo de quem entra na casa, próximo ao quarto de Aarão. Ao se aproximar da escada, Juarez recuou, assustado. Não parecia haver nada debaixo dela.

— Aquele moleque filho da puta — disse Juarez
— O cofre não está aí? — perguntou Nóbrega, correndo em sua direção.

Wellington e Ruivo já haviam se juntado aos dois guerrilheiros. Os quatro olhavam fixamente para debaixo da escada. Wellington foi o primeiro a se abaixar. Ficou praticamente de quatro, com metade do corpo encoberto. Passou alguns segundos ali, imóvel. Juarez, nervoso, ameaçou puxar as suas pernas, mas Wellington já estava de pé novamente.

— O cofre está aqui. É enorme. Eu tentei puxá-lo, mas ele nem se mexeu.
— Se entrou tem de sair — disse Juarez.
— Vai ser complicado arrastá-lo daqui.
— Será complicado, mas nós vamos tirá-lo — respondeu Juarez.

Com quase 2 metros de altura, Juarez acompanhou de pé os três guerrilheiros arrastarem, de joelhos, o cofre de cerca de um metro de altura para fora da escada.

— Porra, este troço deve pesar mais de 400 quilos — disse Nóbrega, exausto.

— Agora vamos arrastá-lo até o pé da escadaria — ordenou Juarez. Espero que Jesus tenha conseguido armar a prancha. Descer com o cofre pela escadaria vai ser foda.

Jesus Paredes, com a ajuda de João Marques, havia terminado a engenhoca que, segundo ele, faria o cofre deslizar suavemente até o bagageiro da C-14. Juarez parecia não acreditar no que via. Jesus havia construído uma espécie de carrinho de rolimã, daqueles em que Juarez andava quando criança nas ruas de Belo Horizonte. Aquele carrinho parecia ainda mais frágil do que os de sua época. Jesus explicou rapidamente como seria a operação. O cofre ficaria amarrado, deitado de lado e arriado por um sistema de cordas. Uma rampa de madeira, colocada entre o fim da escadaria e o bagageiro da C-14, faria com que o cofre chegasse intacto ao seu destino final. Juarez não entendeu nada e pensou em perguntar algo para Jesus, mas desistiu.

Quatro guerrilheiros ergueram o cofre e o deitaram em cima do carrinho. Ele estava preso por dois tirantes de cordas, segurados por Jesus e João Marques. Juarez deu o sinal e o carrinho começou o seu trajeto até o bagageiro. O cofre andou bem até os primeiros dez degraus, mas na curva da escadaria virou de lado e tombou escada abaixo. No caminho, quebrou os últimos três degraus de mármore, invadiu o jardim e parou encostado em uma amendoeira, a cerca de 20 metros da C-14. O cofre pesava mais do que o dobro do previsto por Jesus Paredes.

Gustavo Schiller também havia errado no cálculo. Os guerrilheiros ainda não sabiam, mas nele havia muito mais do que os 200 mil dólares esperados pelo comando da VAR-Palmares.

CAPÍTULO 5

Era a quinta vez que o detetive Nelson Duarte abria a gaveta de sua escrivaninha sem o menor motivo. O transtorno obsessivo era leve, mas o incomodava. Ele também tentara controlar, sem sucesso, outra de suas neuroses: tirar e colocar o seu anel de advogado sem parar, como se estivesse masturbando o dedo. Não queria passar insegurança aos seus auxiliares. Logo ele, que fazia parte dos "Doze Homens de Ouro", grupo policial criado pelo secretário de Segurança da Guanabara, o general Luís de França, com o objetivo de exterminar criminosos que insistiam em desafiar a lei. Eles eram temidos, um esquadrão da morte da pesada, com licença para prender, arrebentar e matar — não necessariamente nessa ordem.

Católico fervoroso, Duarte era um defensor da moral e dos bons costumes. Seu quadro sobre regras de boa cidadania fazia sucesso no programa Flávio Cavalcanti, uma das maiores audiências da TV Tupi O detetive orgulhava-se de pertencer à tropa de elite criada por Luís de França, responsável pela morte de criminosos como Zé Pretinho e Bidá, dois dos bandidos mais perigosos da história do Rio, mas seu prazer mesmo, sua profissão de fé, era caçar maconheiros e comunistas que perambulavam pelas ruas da Zona Sul carioca. Os maconheiros nunca deram muito trabalho. Não era difícil intimidá-los. Duarte conseguira, por exemplo, depois de aterrorizar os diretores da Escola Nacional de Teatro, obrigar a instituição a baixar um decreto proibindo a entrada de estudantes cabeludos — para o detetive todo cabeludo era maconheiro. E vice-versa.

Já os comunistas, na análise do "antropólogo" Duarte, não usavam cabelo comprido e não fumavam maconha. Em compensação cultivavam uma barba "repugnante" e nos últimos anos haviam contribuído para aumentar os índices de criminalidade da cidade, organizando assaltos a bancos e a quartéis. Era difícil pegá-los. Usavam nomes falsos, carros com placas trocadas e mudavam constantemente de endereço. Duarte sonhava em pegar os guerrilheiros mais graúdos, mesmo sabendo que dificilmente colocaria as mãos em nomes como Carlos Marighella, Joaquim Câmara Ferreira e Carlos Lamarca.

A polícia carioca trabalhara mais do que a média naquela quarta-feira 18 de julho de 1969. De manhã, cinco ladrões haviam roubado uma agência do Banco Nacional Brasileiro, na Piedade. No começo da tarde, o mesmo grupo assaltara o Banco Comércio e Indústria de São Paulo, em Ramos. O caso mais grave ocorrera na hora do almoço, no edifício 103 da avenida Rio Branco. Um funcionário da Construtora Ferraz Cavalcanti resistira ao assalto, dentro do elevador, e acabara levando um tiro no pé. Na Delegacia de Santa Teresa, porém, com exceção de algumas prisões por vadiagem, nada de mais grave acontecera naquela quarta-feira.

Duarte abria mais uma vez a gaveta quando o policial Caetano entrou em sua sala:

— Dr. Duarte, um morador da rua Bernardino Santos ligou agora para cá.
— Fala logo, o que houve?
— Ele disse que tem um Aero Willys parado em frente à casa do Dr. Aarão.
— Tem gente dentro do carro?
— Sim, dois homens e uma mulher.
— Ele conseguiu ver como é essa mulher?
— É uma loura.
— Caralho! É hoje que a gente pega essa loura ordinária. Manda tirar os carros.

Apesar da fama de destemida, de usar peruca e de participar da maioria dos assaltos de sua organização, a loura ordinária procurada por Duarte e por todos os policiais do Rio de Janeiro não era Sônia Lafoz. Seu nome era Vera Sílvia Magalhães, 21 anos, universitária criada em berço esplêndido, de aparência frágil, mas que, assim como Sônia, nascera para a guerrilha. Vera infernizara a vida da polícia carioca, participando de quase todas as ações organizadas pelo Movimento Revolucionário Oito de Outubro, o MR-8, munida apenas de um .38 enferrujado, que ela levava na bolsa misturado a batons e estojo de maquiagem. Roubara bancos, casas lotéricas, supermercados e carros-fortes. Era uma das personagens favoritas da imprensa, que ajudou a alimentar o mito em torno de Vera, que adorava o epíteto inventado pelo *Diário de Notícias*: "A Loura dos Assaltos".

— Porra, o que vocês estão olhando? Vão lá pegar a merda do cofre!

No momento em que Juarez dava ordem para que os guerrilheiros erguessem, no braço, o cofre e o colocassem no bagageiro da C-14, Duarte, acompanhado dos policiais Walter, Caetano e Maurício, partiu com duas viaturas em direção à rua Bernardino Santos. Por pouco a Grande Ação não resultara numa carnificina. Duarte e seus homens estavam acostumados a lidar com a alta bandidagem do Rio de Janeiro, mas não esperavam bater de frente com um grupo armado até os dentes, formado por guerrilheiros experimentados. Juarez não recuaria.

Nelson Duarte percebeu que havia algo de estranho assim que chegou à mansão. O portão principal estava escancarado. O detetive estacionou sua viatura na entrada e subiu a pé a ladeira que levava ao casarão acompanhado dos outros três policiais e do pastor Astor, que havia recebido os novos visitantes com a alegria de sempre. Não havia qualquer sinal de vida nas imediações do palacete. Duarte notou que uma das duas escadarias que levava ao segundo andar estava com os degraus de mármore quebrados. Os policiais dividiram-se. O detetive e o policial Caetano subiram as escadas em direção ao segundo andar — Walter e Maurício ficaram responsáveis por vasculhar a casa térrea.

Os empregados e os dois garotos foram encontrados amarrados no escritório de Aarão. Argemiro, o porteiro, foi o primeiro a falar. Estava desesperado:

— E o Silvinho? Levaram ele?

— Quem é o Silvinho? — perguntou Duarte.
— O filho do meu patrão. Era o único da família que estava em casa.
— Não sei. Ainda não olhamos a casa inteira.

Duarte, acompanhado de Argemiro e um policial, vasculhou minuciosamente os mais de vinte cômodos do segundo andar. Não havia nada fora do lugar. Ninguém tocara nas baixelas de prata, nem nas porcelanas inglesas. Os tapetes persas continuavam ali, assim como algumas joias de menor valor de Dona Yole, mulher do Dr. Aarão, guardadas no fundo de um criado-mudo.

— Os caras não levaram nada — comentou Duarte.
— Devem ter levado o Silvinho — disse Argemiro.
— Calma. O que falta a gente olhar?
— A copa, a cozinha e a despensa.

Silvinho foi achado na despensa. Tinha as mãos e os pés amarrados e a boca amordaçada. Estava furioso:

— Pegaram os caras?
— Não — disse Duarte, sem dar muita confiança.
— Roubaram alguma coisa?
— Não. Os empregados não sentiram falta de nada.
— E lá embaixo?
— Você mora na casa de baixo?
— Sim.
— Os meus homens estão lá. Eles ainda não subiram. Você sabe se há algum cofre na casa de cima?

— Não sei.
— E na sua casa?
— Não que eu saiba.

Duarte voltou ao pé da escadaria. De cima, observou os três degraus de mármore estilhaçados. No jardim, havia um rastro pela grama que terminava na árvore. Não era um rastro linear. Estava claro que algo bem pesado havia tombado de cima da escadaria e rolado até parar ao pé da amendoeira. O que seria? Os dois que vasculhavam a casa de baixo surgiram no jardim. Duarte gritou da escadaria:

— Acharam alguém na casa?
— Não.
— Algum sinal de roubo ou arrombamento?
— Também não.
— Reúnam todos os empregados na sala de visitas da casa de baixo. Eu quero conversar com cada um, separadamente. Caetano?
— Sim senhor.
— Vá até a delegacia e traga os álbuns de fotos dos terroristas. Isso aqui tá com cheiro de comuna.

Wellington Muniz dirigia com maestria a C-14 pela sinuosa e perigosa Estrada Grajaú-Jacarepaguá, a mesma em que José Miranda Rosa, o Mineirinho, um dos mais violentos criminosos do Rio de Janeiro, havia sido encontrado morto, sete anos antes, executado com três tiros nas costas, cinco no pescoço e dois no peito pelos Doze Homens de Ouro. Sentado ao lado de Wellington, Juarez não tirava os olhos do retrovisor. Observava o Aero Willys Itamaraty branco, pilotado por Reinaldo, que andava quase colado à C-14. Sônia já havia tirado a peruca e Darcy estava tão compenetrado que nem respondeu às tentativas de Sônia de puxar conversa.

Na verdade, Sônia estava tão tensa quanto Darcy. Queriam todos chegar logo ao aparelho do largo da Taquara, em Jacarepaguá, para saber a razão de o cofre pesar quase meia tonelada. Juarez olhou rapidamente para o banco de trás da C-14, que ganhara mais um passageiro, herdado da Rural Willys, que partira de Santa Teresa para outra direção, deixando seus ocupantes pelo caminho. Era Jesus Paredes, que depois da desastrada tentativa de fazer o cofre deslizar até o bagageiro da C-14 teria agora a missão de abri-lo. O amedrontado Jesus, franzino e encolhido, parecia uma criança ao lado do altivo e experiente Nóbrega. Juarez tentou encorajá-lo.

— Professor, pronto para abrir o cofre?
— Sim, Juvenal. Eu avisei que vou usar um maçarico, né?
— Sim, sim, avisou. Mas não vai queimar o nosso dinheiro, hein?
— Nã, nã, não, pode deixar — gaguejou Jesus.

Wellington estacionou a C-14 na garagem do aparelho de Jacarepaguá, uma casa simples como quase todos os domicílios do bucólico largo da Taquara. O Aero Willys chegou segundos depois. Darcy ficou na varanda, na vigília, e Sônia foi para dentro acompanhar o trabalho de abertura do cofre. O plano de Jesus era simples. Ele abriria o cofre pelo cilindro usando o maçarico e, durante o processo, Reinaldo jogaria água com uma mangueira para evitar que o seu conteúdo fosse queimado. Dessa vez, não tinha como dar errado.

Aarão Benchimol foi o primeiro a chegar a Santa Teresa. Um empregado ligara para o seu consultório em Copacabana avisando sobre o assalto e a presença do Duarte e seus homens no casarão. O detetive não deixaria o local do crime enquanto não colhesse o depoimento de todos os empregados e moradores. Aarão pensou imediatamente no cofre que ele aceitara guardar para a sua irmã e amante de Adhemar de Barros, Ana Capriglione. Yole, sua mulher, avisara do perigo de ter em casa um cofre abarrotado de dólares e documentos sigilosos, que podiam incriminar figurões da política nacional. Mas Aarão não podia recusar um pedido da irmã. Devia favores a ela e ao seu falecido cunhado. O preço seria alto. Ele conhecia a fama do detetive Duarte.

Assim que desceu do carro, já na garagem da mansão, Aarão foi abordado pelo detetive. Sabia que Duarte perguntaria se na casa havia algo que justificasse um assalto comandado por ladrões fortemente armados. O cardiologista não tinha certeza se o cofre havia sido roubado ou não. Achou melhor dizer a verdade.

— Boa-noite, Dr. Duarte. Alguma pista dos criminosos?
— Ainda não, Dr. Benchimol. O estranho é que não levaram nada.
— Realmente estranho.
— O senhor guardava algum cofre em casa?
— Sim. Está escondido debaixo da escada que dá acesso à torre.

— Vamos lá ver se ele ainda está lá.

O Dr. Benchimol levou Duarte e seus homens até o improvisado esconderijo. O detetive pediu a um dos auxiliares que se enfiasse debaixo da escadaria. Não havia cofre algum.

— Agora já sabemos o que os bandidos queriam — disse Duarte. — Dr. Benchimol, havia muito dinheiro no cofre?
— Não sei dizer. Ele não me pertence.
— Pertence a quem?
— A minha irmã, Ana Capriglione.

Duarte sabia quem era Ana Capriglione. O Rio de Janeiro sabia. Ela era a senhora da alta sociedade que vergonhosamente se envolvera com o ex-governador Adhemar de Barros. Adhemar estava morto e sua herança, diziam, era incalculável. E agora um cofre sumira da casa do irmão da sua amante, roubado por uma quadrilha? Mas o que o cofre estava fazendo ali? Por que ela havia decidido escondê-lo na casa do Dr. Benchimol? E quanto havia no cofre? Provavelmente era dinheiro ilegal. Será que também havia documentos? Aquele poderia virar o caso da vida de Duarte.

— Me faça um favor, Dr. Benchimol.
— Pois não, detetive.
— Sua irmã, Ana, está na cidade?
— Sim, está.
— Por favor, ligue para ela e diga que preciso que ela venha para cá, imediatamente. Charles?
— Sim, senhor.

— Você e os outros policiais tragam todos os empregados para a sala de jantar da casa do Dr. Schiller. Vou começar os interrogatórios.

Duarte espamarrou sobre a mesa da sala de jantar 40 fotos de "terroristas" procurados pela polícia. Deixou em primeiro plano imagens dos guerrilheiros mais perigosos. Ele tinha certeza de que o assalto havia sido planejado e executado por gente graúda.

Algumas horas depois, graças à "prodigiosa" memória fotográfica dos empregados e de Silvinho Schiller, Duarte já tinha uma lista de suspeitos. Eram eles: Yoshitami Fujimori, Joaquim Câmara Ferreira, Carlos Roberto Zanirato e outros guerrilheiros, que tinham estado tão próximos de Santa Teresa quanto Fidel Castro. Apenas o jardineiro Antônio Marques mostrou-se um observador atento: identificou Nóbrega, pelo bigodinho inconfundível, e Minc, pelo aquilino e giboso nariz. O interrogatório ainda não havia terminado. Faltavam os dois garotos surpreendidos por um guerrilheiro que fazia a segurança do lado de fora da mansão. Um dos meninos contou a mais inverossímel história, em que Duarte, entusiasmado, acreditou.

A história relatada por João Carlos, o garoto mais velho, de 14 anos, pode ser lida na edição nº 74 da revista *Veja*, que foi às bancas oito meses depois do assalto, no dia 4 de fevereiro de 1970. A reportagem de capa, assinada por Carlos Soulié do Amaral e Carmo Chagas, usou como referência as informações levantadas por Duarte e seus homens.

> *(...) João Carlos, 14 anos, e seu primo Lumerci, 11 anos, chegaram para visitar o tio. João Carlos foi entrando. Queria che-*

gar na frente. No início da rampa alguém segurou seu braço. Ligeiro e esportivo, ele virou-se e chutou a mão que o prendia. E, de repente, a tranquilidade da tarde e do passeio foi quebrada. O homem era um estranho e havia deixado cair uma faca. João Carlos correu em direção à casa. Mas lembrou-se de Lumerci. Parou para avisá-lo. Viu então que o estranho havia agarrado o seu primo e que nesse momento guardava a faca no bolso interno do paletó. Resolveu fugir. E levou outro susto: um japonês surgiu diante dele com uma pistola encostada ao seu nariz. Duas horas depois, folheando o álbum de fotografias da polícia, os dois meninos identificaram os assaltantes: Carlos Lamarca, um dos maiores líderes do terror no Brasil; o homem da pistola era Yoshitami Fujimori, o japonês que esteve presente na maioria dos assaltos a bancos em São Paulo.

Até hoje não se sabe como o menino de 14 anos conseguiu confundir o baixinho e bigodudo Darcy com Carlos Lamarca. Nem era o mais estranho. Segundo João Carlos, ele teria chutado as canelas do perigoso guerrilheiro, que passou a persegui-lo com uma faca. Lamarca, o tiro mais certeiro de Quitaúna, havia sido rebaixado a ladrão de galinhas por um moleque mentiroso.

Duarte estava satisfeito com que ouvira nos depoimentos. Como ele havia suspeitado, o assalto havia sido planejado e executado em conjunto por duas das maiores organizações terroristas, a VAR-Palmares de Carlos Lamarca e a ALN de Joaquim Câmara Ferreira. O detetive só lamentava não ter identificado Carlos Marighela como um dos participantes da ação. Mas ele estava no caminho certo. Faltava apenas descobrir quanto havia naquele cofre. Duarte já fora informado pelo policial Caetano da presença de Ana Capriglione na mansão. Ela estava na casa de cima, no escritório do irmão. Queria ser ouvida sem a presença dos parentes. Apenas ela e o detetive.

Duarte entrou no escritório. Ana Capriglione estava sentada na poltrona do irmão, folheando um livro. Não era uma mulher bonita, avaliou o detetive, mas certamente aparentava menos do que os seus 47 anos. Era pequena e frágil e por um momento Duarte imaginou como ela suportara durante anos o peso de ser amante de um homem como Adhemar de Barros. Duarte enxugou as mãos antes de cumprimentá-la.

— Boa-noite, Sra. Capriglione.
— Boa-noite. O senhor mandou me chamar?
— Sim, o Dr. Aarão disse que o cofre que foi roubado hoje...
— Sim, ele me pertencia.
— Eu sei que a pergunta é delicada. Mas a senhora poderia me dizer o que havia no cofre?
— Posso, claro. Não havia nada.
— Como assim?
— É isso o que o senhor ouviu. O cofre estava vazio.

Jesus Paredes cobriu o rosto com a máscara de soldador e ligou o maçarico. Em círculo, Juarez, Wellington, Reinaldo e Sônia observaram o metalúrgico de Canoas fazer os primeiros cortes. O barulho era ensurdecedor. Reinaldo estava tenso. Ele teria de jogar água no cofre toda vez que Jesus fizesse um sinal. Juarez passou todo o fim da operação colado a Jesus, sem máscara, berrando em seu ouvido e completamente ensopado:

— Cuidado para não queimar o dinheiro!
— Cuidado para não queimar o dinheiro!

A operação durou 15 minutos. Apenas uma parte pequena do dinheiro, que estava próximo do segredo do cofre, havia sido molhada. Além de alguns documentos e anotações que Juarez não conseguiu decifrar, uma montanha de dólares formou-se na garagem do aparelho de Jacarepaguá. Notas de todos os valores, a maioria de 100 dólares. Sônia e Reinaldo estenderam um varal na sala e penduraram o dinheiro encharcado. O dinheiro seco, 90% do total, foi contado ali mesmo na garagem, por Juarez e Wellington. Darcy, que passara duas horas sem arredar o pé da frente do portão da casa, não resistiu quando ouviu os gritos vindo da garagem. Juarez estava ajoelhado, com papel e lápis na mão, observando pilhas e pilhas de dinheiro. Ele acabara de contar os dólares do varal, já secos. Darcy foi o primeiro a perguntar:

— Quanto, Juvenal?
— Adivinha, professor.
— Não sei, diz logo.
— Roubamos 2 milhões e 598 mil dólares!

A fortuna equivalia, na época, a 10,3 milhões de cruzeiros novos, que, convertidos para os valores atuais, representariam cerca de 15 milhões de dólares. O tempo mostraria, porém, que mais difícil do que roubar o butim era mantê-lo escondido, livre da ganância alheia.

PARTE II

A partilha

CAPÍTULO 6

Dois milhões e meio de dólares e o rígido código de conduta da VAR-Palmares haviam sido lançados ao espaço. A ordem era comemorar. Ninguém mais se lembrava dos 33 itens do "manual do guerrilheiro", um livro de 25 páginas batizado formalmente de "Resumo de conselhos e medidas de segurança e trabalho clandestino", que, entre outras normas disciplinares, recomendava ao militante que aprendesse a escrever com as duas mãos para disfarçar a autoria de suas cartas. A primeira quebra de protocolo partiu do próprio comando da organização. Juarez distribuiu a todos os guerrilheiros envolvidos na Grande Ação uma nota de um dólar. Reuniu a militância no meio da sala da casa de Jacarepaguá e fez a primeira partilha do butim:

— Guardem essa nota como recordação. Estamos fazendo história e vamos mudar este país.

O segundo desvio de conduta partiu do baixo clero. Sônia, Reinaldo, Minc e Ruivo achavam que era preciso comemorar o sucesso da operação em grande estilo.

— Vamos festejar com camarão e vinho branco no Jangadeiros — sugeriu Reinaldo.

A ideia foi imediatamente rechaçada pelo setor militarista da organização. Era apenas mais um conflito entre foquistas e massistas, que dentro de um mês se tornaria insustentável. O mais exaltado era Darcy. Ao ouvir os gritos de comemoração, o ex-sargento de Quitaúna abandonou o posto de segurança e, possesso, entrou bufando na casa. Ele conta:

> *Os companheiros gritavam abanando os dólares. Um grupo resolveu fazer uma "vaquinha" para comprar cerveja. Outros queriam comer camarão no Jangadeiros. O Juarez havia perdido completamente o comando. Eu percebi e quebrei a hierarquia. Dei um esporro geral, disse que ninguém sairia de lá enquanto não fosse montada uma estratégia para a divisão do dinheiro. A VAR estava sem um tostão em caixa e os caras pensando em caixinha para cerveja.*

Juarez acalmou Darcy e explicou ao ex-sargento que já havia montado todo o plano de partilha do dinheiro. Um milhão de dólares, divididos em duas malas, seriam enviados imediatamente para a Embaixada da Argélia, no Centro do Rio. Darcy e Wellington entregariam as malas a um homem chamado Hafid Keramane. Embaixador da Argélia no Brasil, Keramane era um velho militante da FLN, a Frente de Libertação Nacional, movimento nacionalista que lutara pela independência do país e assumira o poder a partir de 1962. Autor de livros sobre a tortura praticada pelos colonizadores franceses em Argel, o diplomata mantinha ótimas relações com os grupos de esquerda no Brasil e conhecia Juarez desde os tempos do Colina.

Keramane teria a missão de abrir uma conta para a VAR-Palmares na Suíça, que seria usada para abastecer os militantes exilados, muitos vivendo em péssimas condições financeiras. Nenhum militante teria acesso ao dinheiro sem passar antes pelo aval de um velho conhecido da esquerda brasileira, cassado pelos militares logo após o golpe de 64 e que mantinha estreitas relações com os militantes da FLN: Miguel Arraes. O ex-governador de Pernambuco, exilado em Argel, aceitou de bom grado o papel de avalista. Ele estava prestes a fundar, ao lado de outros exilados de peso, como o ex-deputado Márcio Moreira Alves, a Frente Brasileira de Informações (FBI), que teria como objetivo denunciar crimes contra os direitos humanos cometidos pela ditadura brasileira. Era bom saber que havia um milhão de dólares "à disposição da esquerda brasileira".

A outra parte do dinheiro, 1,5 milhão de dólares, ficaria no Brasil. Uma quantia menor, cerca de 300 mil dólares, seria entregue à militante Inês Etienne Romeu. Mineira de Pouso Alegre, tão elétrica quanto Maria do Carmo Brito, Inês era um dos quadros mais combativos da VAR-Palmares. Em Belo Horizonte, ainda na VPR, incendiara o Sindicato dos Bancários liderando algumas greves e entrara para a história da cidade ao abrir, ao lado de Carlos Alberto Soares de Freiras, o Botcheco, barzinho que se transformaria no centro de ebulição cultural e política da capital mineira. Inês tinha um esquema para guardar os 300 mil dólares. Pagaria, num futuro próximo, um preço alto por isso.

Juarez convocou dois dos mais experientes quadros da VAR-Palmares, ambos do comando, para cuidar da parte mais delicada do processo de partilha: distribuir 1,2 milhão de dólares entre os militantes mais graúdos e garantir que boa parte do dinheiro chegasse às regionais da organização espalhadas pelo Brasil. Quatro malas com 300 mil dólares cada foram entregues a Antônio Roberto Espinosa e Carlos Franklin de Araújo. Os dois moravam juntos, com suas respectivas namoradas, também militantes, em um aparelho na rua Barata Ribeiro, em Copacabana. A dupla teria poucas semanas para concluir a distribuição do dinheiro e arquitetar um plano para trocar alguns dólares por cruzeiros novos.

Apesar dos 23 anos, Antônio Roberto Espinosa era tratado como um veterano de guerra pelo comando da VAR. Nascido em Osasco, um dos berços das lutas sindicais, aprendera a fazer política ainda na adolescência, no fim dos anos 1950, época em que se engajou na luta pela emancipação administrativa da cidade — o jovem office-boy, durante uma manifestação, chegou a colocar o dedo em riste no rosto de Prestes Maia, então prefeito de São Paulo. O sangue espanhol o levou para a linha de frente de quase todas as grandes greves de Osasco, inclusive na histórica ocupação da Cobrasma (Companhia Brasileira de Material Ferroviário), na época uma das maiores metalúrgicas de São Paulo. Formado em filosofia pela USP, Espinosa ensaiou uma carreira acadêmica, mas o AI-5 tratou de devolvê-lo à luta. Recrutado pela VPR, ascendeu rapidamente ao comando da organização e foi peça importante no processo de fusão com o Colina que resultaria na criação da VAR-Palmares.

SÔNIA LAFOZ

Frieza e bom humor durante as ações

As mais belas pernas da VAR-Palmares

ANA "DR. RUI" CAPRIGLIONE

Cumprimentando o ex-presidente Eurico Gaspar Dutra: intimidade com os donos do poder

O grau de intimidade entre Adhemar e Ana era proporcional ao poder que ela exercia em seus governos

Pedro Rousseff e Dilma Rousseff
Av. João Pinheiro, 85 apto. 1001

Escadaria da Mansão de Santa Teresa, o último trajeto do cofre: carrinho de rolimã e outros improvisos

ONOFRE PINTO

O chefão da VPR no centro da imagem (nº 9), de óculos e algemado, trocado pelo embaixador americano: mistura de impetuosidade e megalomania

PRESOS POLÍTICOS BANIDOS PARA O MÉXICO PELO GOVERNO BRASILEIRO

01-MARIO ROBERTO GALHARDO ZANCONATO (Chuchu) MG
02-LUIZ TRAVASSOS (SP)
03-JOÃO LEONARDO DA SILVA ROCHA (SP)
04-JOSÉ DIRCEU (SP)
05-GREGÓRIO BEZERRA (PE)
06-ARGONATO PACHECO DA SILVA (SP)
07-JOSÉ IBRAIM (SP)
08-VLADIMIR PALMEIRA (GB)
09-ONOFRE PINTO (SP)
10-IVES MARCHETTI (SP)
11-RICARDO VILAS BOAS SÁ REGO (GB)
12-MARIA AUGUSTA CARNEIRO (GB)
13-FLAVIO TAVARES (GB)
14-RICARDO ZARATINI (SP)
15-ROLANDO FRATTI (SP).

militante da Política Operária (POLOP), MG
8 - assalto ao BANESPA, Rua Iguatemi: NCr$ 80 mil.
8 - planejamento assassinato Cap. Cha...
8 - assalto à casa de Armas Diana, R...

UMA COLETÂNEA DO QUE SAIU NA ÉPOCA SOBRE O ASSALTO

O globo – 21/07/1969

O GLOBO ☆ 21-7-69 ☆ Página 33
DEPOIMENTO REVELA HOJE O SEGRÊDO DO COFRE ROUBADO

O mistério do cofre roubado na mansão de Santa Teresa deverá ser esclarecido hoje, com o depoimento, na 7.ª Delegacia Policial, da Sra. Ana Benchimol Capriglione.

Para a polícia, o grupo armado que compareceu à mansão da Rua Bernardino dos Santos, 2, na noite de sexta-feira, dizendo-se a mando das autoridades, eram pessoas, entre as quais duas mulheres, interessadas no conteúdo do cofre, provàvelmente documentos, pois não houve interêsse no roubo de valôres da mansão.

Os três carros usados no assalto armado à residência tiveram suas placas anotadas e eram de São Paulo, mas, admite o detetive Nélson Duarte, que determinou apurações naquela cidade, serem chapas frias. Apesar da ousadia do ataque, a polícia aceita que os participantes do mesmo não são bandidos habituados ao crime, todos demonstrando nervosismo e, um dêles, louro e de boa aparência, provàvelmente o chefe do grupo, tremia muito com a arma na mão, ao render os empregados e mandá-los para um dos muitos cômodos da mansão.

Interessados

A obediência dos serviçais da casa, residência do irmão de Dona Ana, o médico Aarão Benchimol, evitou o emprêgo de mais violência. Esta, entretanto, estava nos planos dos atacantes, que levaram corda de nylon e a abandonaram no local.

Os assaltantes, conforme ficou claro na apuração policial, tiveram instruções detalhadas sôbre o local onde se encontrava o cofre, que pesa 150 quilos, pois não conseguiriam localizá-lo sem instruções certas, em face do tamanho da mansão, de mais de 20 quartos. O cofre fôra deixado havia dois meses pela Sra. Ana Benchimol na casa de seu irmão, que diz ignorar o que nêle continha. Pelo depoimento de hoje, as autoridades da 7.ª DP tomarão conhecimento de detalhes que poderão revelar os interessados no roubo.

O globo – 22/07/1969

Terror e mistério no roubo do cofre

Terroristas ligados ao grupo de Carlos Marighela invadiram o palacete de Santa Teresa para o roubo do misterioso cofre de propriedade da milionária Ana Capriglione Benchimol. A polícia chegou a esta conclusão após a tomada de alguns depoimentos, entregando o caso do assalto da última 6ª-feira ao Comando do I Exército, por ofício da 7ª Delegacia.

Assalto em Santa Teresa ganha as manchetes dos jornais: pouca informação e muito mistério

Cofre roubado não era do ex-governador de S. Paulo

A sra. Ana Benchimol Capriglione, de quem foi roubado um cofre que se encontrava na residência de seu irmão, o médico Aarão Benchimol, prestou depoimento ontem, em sua residência, ao delegado da 7.ª Delegacia Policial, quando afirmou que o cofre não pertencia ao ex-governador Ademar de Barros e também que não compreendera o roubo, pois nada de importante existia no interior.

Disse ainda que comprou o cofre após a morte de Ademar de Barros e que o objeto ficara na casa de seu irmão, pois ela, posteriormente, pretendia montar um escritório comercial. As autoridades policiais acham que os autores do roubo são principiantes, pois ficaram nervosos na hora do crime, admitindo também que êles levaram o objeto errado, pois na mesma residência existe um outro cofre de propriedade de Ana Benchimol.

RELATÓRIO

Segundo informações do delegado Raul Faria, um relatório sobre o desaparecimento do cofre vai ser enviado hoje ao Comando do 1.º Exército, que tem interêsse no caso, por considerá-lo de interêsse político. O DOPS também estêve presente na residência da sra. Ana Benchimol, durante o depoimento.

A viúva Ana Capriglioni foi ouvida ontem sôbre a invasão da mansão de Santa Teresa

O Jornal – 22/07/1969

Jornal do Brasil – 22/07/1969

Viúva depõe na polícia e diz que cofre roubado de Santa Teresa estava vazio

A viúva Ana Benchimol Capriglione depôs ontem para as autoridades policiais e disse que estava vazio o cofre que 15 pessoas, entre as quais duas mulheres, roubaram na semana passada da residência do seu irmão, o médico Aarão Burlamaqui Benchimol, em Santa Teresa.

O I Exército responsabilizou-se ontem pelas investigações em tôrno do roubo do cofre, após a verificação de que os participantes do assalto são elementos subversivos com fichas na Secretaria de Segurança.

O DEPOIMENTO

Dona Ana, por estar adoentada, não compareceu à 7.ª Delegacia, onde deveria depor. Pô o delegado Raul Lopes de Farias que, acompanhado do detetive Nilson Duarte e do escrivão Epamigundes, compareceu à sua residência, na Avenida Rui Barbosa, 100, apartamento 901.

Disse Dona Ana que o cofre não tinha nenhum documento do ex-Governador Ademar de Barros. Informou também que comprou o cofre após a sua morte, levando-o diretamente do vendedor para a casa do seu irmão. Estava escondido no fundo falso do armário embutido onde os ladrões o encontraram. Disse que foram roubadas também duas garruchas e um relógio de cigibeira que decoravam as paredes do quarto.

OS OUTROS

Antes de Dona Ana, prestaram depoimento a camareira Iolanda Moreira, o jardineiro Antônio Marques e Silvio Schüler, filho de um conhecido do médico Aarão. Disseram que desconheciam a existência do cofre na mansão do médico.

Foram êles que reconheceram por fotografia seis dos participantes do assalto de que se formaram parte 15 pessoas, entre elas duas mulheres — uma ruiva e uma morena — e não 12, como inicialmente foi noticiado. Sete homens ficaram embaixo e oito, incluindo as duas mulheres, subiram ao segundo pavimento.

Entre 40 fotografias mostradas e que pertencem ao arquivo da Secretaria de Segurança, foram reconhecidos pela camareira, pelo jardineiro e por Silvio quatro dos homens e a mulher morena, que participaram do assalto. A mulher morena seria Iolanda, e Maria Furthi. A camareira que estêve frente à frente com Marina não teve dúvida em apontá-la.

O jardineiro Antônio Marques reconheceu Joaquim Câmara Ferreira e José Araújo de Nóbrega, que o mandaram entrar no quarto sob a mira das armas. A camareira também reconheceu Joaquim Silvio Schüler disse que os homens que o algemaram e amarraram os pés foram Carlos Alberto Zanirato e Sidnei de Miguel. Segundo a Secretaria de Segurança, todos são elementos subversivos. Entre os homens que levaram o cofre estaria incluído também o ex-capitão Carlos Lamarca.

As autoridades policiais da 7.ª DD não permitiram que a imprensa tomasse conhecimento dos depoimentos das testemunhas. O reconhecimento das fotos foi feito sigilosamente pela polícia, que só permitiu tirar fotografias de longe das testemunhas.

Por determinação do General Lucídio Arruda, diretor do DOPS, o inquérito sôbre o roubo do cofre só entregue ao I Exército, que assumiu o comando das investigações.

Iolanda Moreira reconheceu uma das mulheres que participar

/69 — Assalto casa Gov. Adhemar de Barros.

Assaltantes agem em 5 pontos do Rio

Um homem moreno, trajando terno cinza e colête, está sendo procurado pela polícia porque assaltou e roubou ontem em NCr$ 20 mil o comerciário Pedro da Rocha Mendonça, de 20 anos, e ainda lhe deu um tiro na altura do coração, dentro do elevador do Edifício Índico, na Avenida Rio Branco, 103.

Doze pessoas, inclusive duas mulheres, invadiram ontem a casa do médico Aarão Benchimol, em Santa Teresa, e levaram um cofre pesando 150 quilos, mas não se interessaram por outros objetos de valor. Na firma CEIET, na Avenida Graça Aranha, dois bandidos imobilizaram o gerente e levaram NCr$ 18 mil.

Dois grupos de assaltantes imobilizaram ontem, pela segunda vez, os funcionários das agências do Banco Nacional Brasileiro, em Piedade, e do Banco do Comércio e Indústria de São Paulo, em Bonsucesso, levando a importância de NCr$ 13 449,14. (Pág. 13)

Jornal do Brasil – 19/07/1969

COFRE ROUBADO NÃO REVELA NADA SÔBRE ADEMAR DE BARROS

Estava vazio o cofre roubado, na noite da sexta-feira, da mansão do cardiologista Aarão Bulsmequi Benchimol, situada no n.º 2 da Rua Bernardino dos Santos, em Santa Teresa. A informação foi prestada, ontem, em depoimento, pela irmã do cardiologista, a viúva Ana Benchimol Capriglione, proprietária do cofre. A viúva foi ouvida pelo delegado Raul Lopes Farias, da 7.ª Delegacia, em seu apartamento no 9.º andar do prédio 350 da Avenida Rui Barbosa, no Flamengo.

Sete dos dez assaltantes que participaram da invasão, entre os quais duas mulheres, foram identificados, ontem, através de fotografias exibidas pelo destista Nilson Duarte ao jardineiro da mansão, Antônio Marques; a arrumadeira Yolanda Moreira e ao sobrinho do cardiologista, Silvio Buarque Sheller, que foi algemado pelos bandidos. Para o delegado Raul Lopes Farias que investigou o caso até ontem, os assaltantes presumiam que documentos altamente comprometedores haviam sido guardados no cofre, pelo falecido sr. Ademar de Barros, como armas contra seus adversários políticos, fato que motivou o roubo.

RECONHECIMENTOS

Interrogados, na tarde de ontem, sobre a mecânica do assalto, a arrumadeira da mansão, o jardineiro e o sobrinho do proprietário da prédio, constaram, em detalhes, como se verificou a invasão e entre as 40 fotografias que lhes foram exibidas reconheceram quatro homens e duas mulheres, como participantes do assalto. Um dos foram testemunhas oculares. Entre as fotografias identificadas estão a do Joaquim Câmara Ferreira, Carlos Roberto Lenirath, Mário Facchi e Elicia Padua de Andrade.

As investigações que vinham sendo realizadas por policiais da 7.ª Delegacia, para identificar e prender os autores do assalto, foram suspensas, ontem, por determinação do secretário de Segurança, cabendo o prosseguimento, às autoridades militares.

Correio da Manhã – 22/07/1969

O Jornal – 19/07/1969

Quatorze homens assaltaram a mansão

Quatorze homens e uma mulher armados de metralhadoras e revólveres, invadiram na tarde de ontem a residência do cardiologista e professor Aarão Burlemaqui Benchimol na Rua Bernardino Santos, 2, em Santa Teresa, levando um cofre onde estavam guardados documentos pessoais do falecido ex-governador de São Paulo, sr. Ademar de Barros.

Os assaltantes utilizavam uma Rural, um Aero Willys e um Chevrolet, que pararam, ao mesmo tempo, em frente à mansão daquele médico. A entrada, os ladrões mataram e algemaram o sobrinho do proprietário do imóvel, sr. Silvio Buarque Sheller, prendendo, em seguida, em um cômodo os oito empregados. Logo após a quadrilha dirigiu-se diretamente para o local onde estava um cofre, guardado ali a pedido da senhora Ana Menchimol.

Ao chegaram na mansão de Santa Teresa, os assaltantes disseram ser da Polícia Federal A Burl onde foi transferida da senhora Ana Benchimol.

Rio de Janeiro, 19 de julho de 1969

Roubaram Até o Cofre Com Herança de Ademar

Dois bandos de assaltantes investiram, ontem, contra dois estabelecimentos bancários. Na agência de Piedade do Banco Nacional Brasileiro, assaltada pela segunda vez, 5 bandidos, um dêles com metralhadora, levaram NCr$ 10 mil e fugiram no "Itamarati", final 31-69. A tarde, o Banco Comércio e Indústria de São Paulo, em Ramos, também pela segunda vez, foi roubado em NCr$ 4 mil por 4 assaltantes, reconhecidos pelos funcionários como os mesmos do saque anterior, há um mês. Os bandidos não levaram NCr$ 10 mil que estavam na caixa forte. A loura reapareceu, acompanhada de 12 elementos, invadindo a casa do Médico Arão Benchimol, R. Bernardino Santos, 2, Sta. Teresa. Imobilizaram 6 caseiros e roubaram um cofre de 150 quilos, que diziam guardar a fortuna de Ademar de Barros. Os bandidos se diziam policiais e usaram um "Chevrolet", um "AeroWillys" e uma "Rural". Também, ontem, um funcionário da Construtora Ferraz Cavalcânti, de 20 anos, foi baleado no elevador do edifício, na Av. Rio Branco, 103, por um cidadão de gravata e colête, quando tentou defender NCr$ 20 milhões dos patrões. Pág. 10.

Diário de Notícias – 19/07/1969

COFRE COM MILHÕES TEVE SUBVERSIVOS NO ASSALTO

Quatro elementos da reconhecida atividade subversiva no eixo Rio-São Paulo, segundo levantamento policial, foram reconhecidos por serviçais da Mansão Caprigliani, como integrantes do assalto ali realizado para o roubo do cofre que conteria os milhões em dólares de Ademar de Barros. São êles: Joaquim Câmara Ferreira, Mariza Farhi, Sidnei Miguel e Carlos Roberto Zanirato. Dona Ana Benchimol Caprigliani — a dona do cofre — foi ouvida, ontem, em sua residência, na Avenida Rui Barbosa. A Polícia nada adiantou, informando que o assunto passara à esfera militar, mas Dona Ana, diz que o cofre «não tinha dinheiro, nem material subversivo». — P. 13.

O mistério continua a envolver o belo palacete dos Caprigliani. Dona Ana afirma que o cofre não tinha os milhões de Ademar — só documentos.

Diário de Notícias – 22/07/1969

Mistério no Roubo do Cofre Onde Estã 80 Milhões de Dólares Deixad a Por Ad

Em meio à sucessão de assaltos, com feridos e, já agora, com uma vítima fatal — o chofer baleado ao perseguir ladrões de banco na Tijuca — sobressai-se, como saque de extrema audácia, entremeado, a par dos lances cinematográficos que o macaram, de um denso mistério, o ataque contra a residência do médico Arão Burlamaqui Benchimol, em Santa Teresa, de onde dose elementos, incluindo duas mulheres, imobilizaram 5 empregados da mansão e algemaram um parente da família, tudo para roubar um cofre de 150 quilos, do qual, assim como dos assaltantes, é claro, nada sabe, ainda, a 7ª Delegacia Distrital.

E o fizeram, com a utilização de 3 autos, em pleno dia, agindo com uma tranquilidade impressionante, tal a segurança do planejamento do assalto, apresentando-se quem se encontravam na casa como policiais à procura de armas e material subversivo, sendo de ressaltar-se que apenas o roubo do cofre, pertencente à Sra. Ana Benchimol Caprigliani — irmã do médico e pessoa das relações íntimas do falecido estadista Ademar de Barros — quando havia outros objetos de valor no local, deixou claro que estavam à procura de algo extremamente valioso, como a fortuna, em dólares, deixada pelo ex-governador paulista, que é dada como desaparecida e calculada em tôrno de 328 bilhões de cruzeiros antigos.

O Assalto

Os doze assaltantes, entre os quais uma loura e uma morena, chegaram à mansão, na Rua Bernardino Santos, 2, com naturalidade, quanto ao pessoal da vizinhança. O vigia Argemiro Pereira disse, na polícia, que, por volta das 15h30min, no sair no pátio, viu quatro homens virem em direção à casa, segurando pelo braço o porteiro Antônio Marco Lima. «Eles foram logo dizendo que eram da polícia — frisou o vigia, adiantando que os ladrões, ao penetrarem na residência, diseram: «Vimos por ordem do general (a meta altura, já a loura estava entre os primeiros 4). Vamos procurar armas e material de subversivo que o dr. Arão está guardando aqui». As 6 pessoas presentes — o vigia, o porteiro, as copeiras Alendina Maria das Graças e Penha, a arrumadeira Iolanda e Silvio Schiller, parente da família — foram postos sob a mira das armas. Inclusive a lhadora. Entrementes, levaram Silvio para um onde que o iriam interrogar. A seguir, parti — demonstrando que estavam a par de tudo, que e a localização do cofre — para o adiantarso os então, para a parte superior da residência, de versão e cofre, que levaram para um dos terr uma «Rural», um «Aero» e um «Chevrolet», tod pas de São Paulo — depois do que se foram mente.

A Fortuna

Horas depois, o dr. Aarão explicou, na po cofre é de sua irmã Ana e que esta, que se a São Paulo e ontem estava sendo esperada aqu em sua residência, há 3 meses, porque, devido à to, não o quis deixar na sua própria residência nas tem uma empregada. O médico disse, também ber a que atribuir o interêsse pelo cofre, que que êle continha, mas ressaltou que os ladrõ

Diário de Notícias – 20/07/1969

Cofre de D. Ana Teria os Milhões de Ademar

Diário de Notícias – 20/07/1969

Entre os inúmeros assaltos ocorridos no Rio, o que está envolvido em maior mistério é o ligado ao roubo do cofre de 150 quilos, pertencente à Sra. Ana Benchimol Capriglioni, da residência de seu irmão, médico Aarão Burlamaqui Benchimol, em Santa Teresa. Conforme noticiamos, ontem, 12 indivíduos, entre os quais duas mulheres, tomaram a mansão de assalto, armados de pistolas e metralhadora, imobilizando os 5 empregados e algemando um parente da família, até consumarem o audacioso saque, utilizando carros com chapas de São Paulo. Os bandidos apenas se interessaram pelo cofre, no qual se presume estivesse guardada a fortuna de US$ 80 milhões, que Ademar de Barros teria deixado com Dona Ana, pessoa de suas íntimas relações de amizade. A polícia aguarda o depoimento da proprietária do cofre, que deverá chegar de São Paulo para esclarecer o mistério.

Seqüência de cinco crimes na GB em menos de 12 horas

Cinqüenta e três mil cruzeiros novos foram roubados ontem numa seqüência de cinco assaltos praticados na Guanabara, em um dos quais um homem saiu gravemente ferido com um tiro no peito. A vítima foi o menor Pedro Rocha Camacho, auxiliar de expediente da Construtora Ferraz Cavalcante, assaltado quando subia o elevador do prédio 103 da Avenida Rio Branco, conduzindo uma pasta com 20 mil cruzeiros novos pertencentes à firma para a qual trabalha. Na Rua Assis Carneiro 32, Piedade, a agência do Banco Nacional Brasileiro foi assaltada às 9 horas da manhã por seis homens armados, um dêles de metralhadora, que trancaram os funcionários no banheiro e levaram 9 mil cruzeiros novos, fugindo em seguida num Aero Willys. Exatamente um mês depois de ter sido assaltada, a agência do Banco Comércio e Indústria de São Paulo em Ramos foi novamente visada por quatro homens que empunhavam revólveres, levaram mais de 3.600 cruzeiros novos e escaparam num Aero Willys. Após o encerramento do expediente foi assaltada em 20 mil cruzeiros novos a firma Cit Construções, enquanto em Santa Teresa 10 homens e duas mulheres trajando mini-saia roubavam um cofre da mansão onde reside o professor Aarão Benchimoil, que não se achava em casa.

Correio da Manhã – 19/07/1969

Diário de Notícias – 22/07/1969

Dona do Cofre Adoece e Depõe em Sigilo: Sem Dólares e Subversão

As autoridades da 7ª DD ouviram, ontem, em sua residência, na Avenida Rui Barbosa, 330, ap. 802, a Sra. Ana Benchimol Capriglioni, dona do cofre roubado por dose elementos, entre os quais uma loura e uma morena, da residência do irmão da depoente, médico Aarão Burlamaqui, na Rua Bernardino Santos, 2, em Santa Teresa, que estaria a fortuna de US$ 80 milhões deixada — em moeda estrangeira — pelo falecido Ademar de Barros, pessoa das relações íntimas de Ana, como a polícia suale receber do depoimento, adquirindo que o caso estava na esfera das autoridades militares. Entretanto, pelo que transpirou, apurou a reportagem que a Sra. Ana Benchimol, que foi ouvida em casa porque disse ter sido acometida, na madrugada anterior, de um mal súbito, declarou que o cofre não continha nem um tostão nem nada de subversivo, mas apenas documentos de escrituras de terrenos e do seu apartamento, sendo de ressaltar-se que, entrementes, os empregados da casa do seu irmão eram interrogados e reconhecidos, dentre 40 fotografias de elementos subversivos, e de reconhecidas atividades subterrâneas, no eito Rio. Na suspeita, alo se que, no havia o tal dinheiro ou material subversivo, o que justifica a presença dêsses elementos, destacando-se, ainda, que o de valor havia sido é de estruturar-se porque êles teve o cuidado de retirá-lo de sua casa e pô-lo na do irmão, alegando êste que tal era porque ela viajava muito e, na sua casa, havia apenas uma empregada, enquanto na mansão dêle vivia cinco.

Depoimentos

Na presença do Delegado Raul Lopes de Faria, titular da 7ª Delegacia, o primeiro a depor foi o jovem Silvio Schiller Filho, filho do médico de mesmo nome e da Sra. Jéda Schiller, irmã de Dona Ana Benchimol Capriglioni. O jovem disse que, na ocasião do assalto, estava em seu quarto estudando literatura universal, quando os elementos entraram no apartamento, dizendo-se agentes federais. «Estavam all cumprindo ordens expressas da Delegacia regional da Polícia Federal, da Guanabara. «Queriam arrecadar material subversivo que está arquivado no cofre». Em seguida, os marginais, o amarraram com uma corda de náilon aos pés da cama e, por fim, o algemaram

queriam o cofre que continha material subversivo. Também foi achado o escritório do paciente onde ficou trancafiado, com o restante dos empregados. Quando por último falou na presença do Delegado e do escrivão foi a arrumadeira Jolanda Moreira, de pouca fé taxativa: «Não vi nada, doutor». Somente uma mulher mexeu-saindo da mansão, com a consignação de um guarda-roupa. O dono empregado que deposeram declararam em seus depoimentos que desconheciam a existência do cofre na mansão, pois o mesmo estava muito bem guardado, atrás de uma prateleira de quadros velhos. O jovem Silvio, também informou que desconhecia a presença daquele cofre com documentos importantes.

mente 4 subversivos e mais 4 estão sob forte suspeita. A arrumadeira Iolanda Moreira reconheceu a dupla Marisa Verbi e Joaquim Câmara Ferreira. O vigia Antônio Marques reconheceu a dupla da lista Joaquim Câmara Ferreira, em companhia Miguel e Carlos Roberto Zanireto. O sobrinho de dona Ana, Silvio Schiller reconheceu Joaquim Câmara Ferreira. Os dois agentes da Segurança Estado esteve mobilizado na caçada ao bando, principalmente ao bandido Joaquim Câmara Ferreira. Tocaram as autoridades de Segurança Política do Brasil no

4 Identificados

NO COFRE DA MANSÃO

O roubo do cofre da mansão levou a Sra. Ana Benchimol Capriglione a depor ontem perante as autoridades militares. Suas declarações prestadas em casa, na segunda-feira última, à policiais da 7.ª DP, não esclareceram qual a natureza dos documentos guardados no cofre que dona Ana removera para a mansão de seu irmão, o médico Aarão Benchimol, na Rua Bernardino Santos, 2, em Santa Teresa. A versão de subversão no assalto armado à casa dos Benchimol foi aceita pela polícia, depois que um sobrinho do médico, Sílvio Schiller, disse ter reconhecido, entre fotos de agitadores paulistas, seis participantes do ataque: Joaquim Câmara Ferreira, Carlos Roberto Zanerato e Marise Farhi, vistos nas fotos, e José Araújo da Nóbrega, José Ronaldo de Lima e Silva e Sidnei de Miguel.

Ontem, o General Luís de França, Secretário de Segurança, informou à reportagem de O GLOBO, ao sair da Polícia Central, que a viúva Capriglione estava sendo interrogada, não revelando, entretanto, o local nem a razão de sua esperada detenção e recolhimento ao Depósito de Presas São Judas Tadeu. Sabe-se que, ao invés de subversão, as autoridades estão voltadas mais para apurações implicando corrupção.

O Globo – 23/07/1969

Ex-secretária de Ademar será ouvida sôbre roubo do cofre

A Sra. Gimol Capriglione Benchimol, irmã do Sr. Aarão Benchimol, que teve sua mansão assaltada, anteontem por dez homens e duas mulheres, que levaram um cofre contendo documentos, será ouvida, amanhã, pelo detetive Nélson Duarte. A Sra. Gimol, ex-secretária do ex-governador Ademar de Barros, encontra-se em São Paulo.

Os empregados da mansão da Rua Bernardino dos Santos, 2, Santa Teresa, disseram que os assaltantes utilizaram-se de um Aero-Willys, um Chevrolet e uma Rural, todos com chapas de São Paulo, esclarecendo que além da mulher loura baixa elegantemente vestida e bem pintada, havia ainda uma morena, que ficou num dos carros.

Todos mantinham-se muito calmos e afirmaram, por diversas vêzes, que não queriam fazer mal a ninguém.

Cofre

O cofre, que foi transportado na Rural, tinha sido levado para a mansão há dois meses. Veio de São Paulo, da residência da Sra. Gimol e segundo apurou o detetive Nélson Duarte continha documentos que pertenciam ao ex-governador Ademar de Barros.

Suspeita-se que os autores do assalto sejam paulistas, pois os empregados foram unânimes em afirmar que o sotaque de todos, inclusive da loura armada de revólver, era característico dos paulistas.

Amanhã, além da Sra. Gimol, as autoridades da 7ª DP, ouvirão todos os empregados e o Sr. Sílvio Schylle Filho, que estava na mansão à hora do assalto.

O Dia – 20/07/1969

QUADRILHA ASSALTA PALACETE EM SANTA TERESA

Dez homens e duas jovens — uma loura e outra morena — trajando minissaias, saltaram, ontem, por volta das 17h, de três veículos — uma Rural, um Chevrolet, prêto, e um Aero Willys —, em frente à mansão existente na Rua Bernardino dos Santos n.º 2, em Santa Teresa, e assaltaram, sob ameaça de revólveres e metralhadoras, o palacete, de onde levaram um cofre, cujo conteúdo ainda é ignorado.

Encontrando apenas os empregados, os ladrões disseram pertencer à Polícia e que estavam agindo por ordem "do general". A Polícia suspeita que a quadrilha seja dirigida por pessoa conhecida da família.

A mansão assaltada é residência do professor de cardiologia, Aarão Benchimoll, que, como a espôsa, não estava em casa. Uma parte do andar térreo é ocupada por seu cunhado, Sílvio Chiller, que também estava ausente. Apenas seu filho, o estudante Sílvio Buarque Chiller, de 25 anos, estava em casa, quando os ladrões surgiram e quando, intrigado com o barulho, resolveu saber o que se passava. Foi dominado e algemado. Mais tarde, quando chegou, o professor de cardiologia não soube explicar o que havia no cofre. Esclareceu, apenas, que pertence à sua amiga Ana Grimoldi, que tem residência em Copacabana e em São Paulo, estando frequentemente fazendo viagens entre os dois Estados. Por êsse motivo, disse ainda o médico, dona Ana pediu-lhe para que guardasse o cofre em sua residência. O cofre roubado, que tem cêrca de um metro de altura e pesa aproximadamente 250 quilos, fôra levado recentemente para a mansão.

Correio da Manhã – 19/07/1969

5 assaltos num só dia de violências

Cinco assaltos espalharam a violência ontem na Guanabara: o Banco Nacional Brasileiro, Agência Piedade, foi roubado em 9 mil cruzeiros novos enquanto na Rua Sargento Silva Nunes, em Ramos, assaltaram o Banco Comércio e Indústria de São Paulo, levando os ladrões a importância de NCr$ 10.000,00. No edifício n.º 103 da Avenida Rio Branco, em hora de grande movimento, um cidadão teve sua posse arrebatada pelos bandidos, que lhe roubaram 20 mil cruzeiros novos e ainda desfecharam-lhe um tiro, mandando-o para o Pronto Socorro, em estado grave. Ao cair da noite, dois indivíduos invadiram o escritório da firma Ceit S/A obrigaram o gerente a abrir o cofre, levando 20 mil cruzeiros, e logo de alguns carros estacionados. Antes de se aplicarem na corrida, um deles fez um disparo para intimidar quem desejasse reagir. A quinta ocorrência foi em Santa Teresa, na residência do cardiologista Aarão Benchimol. Desconhecidos invadiram a casa e de lá retiraram um cofre onde o sr. Ana Benchimol guardava papéis de interesse do falecido ex-governador Adhemar de Barros.

(Páginas 6 e 9)

Na Avenida Rio Branco, meio-dia, o movimento não impediu roubo de NCr$ 20.000,00

O Jornal – 19/07/1969

Jornal do Brasil – 19/07/1969

Grupo de 12 invade mansão em Santa Teresa e leva cofre pesando 150 quilos

Doze pessoas, incluindo uma mulher loura e outra morena, armados, assaltaram a residência do médico Aarão Burlamaqui Benchimol, na Rua Bernardino de Santos, n.º 2, em Santa Teresa, levando um cofre pesando cêrca de 150 quilos, sem tocar, porém, em objetos valiosos da casa.

Os assaltantes chegaram em três carros com chapa de São Paulo — um Aero Willys, uma Rural Willys e um Chevrolet — e procuraram dar a impressão aos empregados da casa de que eram integrantes da Polícia Federal.

DESPISTAMENTO

— Viemos a mando do general — afirmaram as cinco pessoas que subiram, entre as quais a mulher loura — para procurar armas de guerra e material subversivo que o Dr. Aarão está guardando em casa.

Os empregados foram, logo colocados no salão da casa, sob a mira de armas calibre 45. Um dos assaltantes portava uma metralhadora. Os empregados ouviram a recomendação de só entrar dali quando recebessem ordens para isto.

Também disseram que iriam interrogar o jovem Silvio Schiller, filho de Silvio Schiller, cunhado do médico Aarão Benchimol. Muito tempo depois, quando os assaltantes já se haviam retirado, o rapaz foi encontrado algemado e com as pernas amarradas, num dos quartos da casa.

ESCLARECIMENTOS

O Dr. Benchimol chegou mais tarde em casa e explicou aos policiais que o cofre que levaram os assaltantes era de sua irmã Ana Benchimol Caprigliene, que, por viajar muito, pediu há três meses que êle o guardasse em sua residência, com receio de deixá-lo em sua própria casa, onde só fica uma empregada.

— Desconheço as razões pelas quais levaram o cofre — disse o Dr. Burlamachi, admitindo, porém, que os assaltantes tinham exatamente êsse objetivo, uma vez que vieram certo onde se encontrava, sem que para isso perguntassem a qualquer pessoa. Afirmou que ela está em São Paulo, sendo esperada hoje.

SURPRESA

O vigia Argemiro Pereira da Silva explicou que por volta das 15h30m, logo após terminado o almôço, fôra até a cisterna ver se caía água e, ao olhar a ladeira que vem do portão da casa, de acesso à rua, viu quatro rapazes subiam, um dos quais segurava o braço de Antônio Marcos Lima, o porteiro.

— Ia perguntar qual era o caso — disse Argemiro — mas êles foram logo dizendo que eram da Polícia Federal e nos foram colocando para dentro da residência.

Na casa, além dos dois, foram ainda reunidas Alendina, Maria das Neves dos Santos e Penha, copeiras, e Iolanda, arrumadeira, além de Silvio Schiller.

INVESTIGAÇÃO

O detetive Nélson Duarte não acredita que o assalto tenha sido praticado por policiais, uma vez que não iriam revelar sua identidade ao invadirem uma propriedade particular, nem deixariam um par de algemas, como fizeram.

O policial acredita que os assaltantes tinham o propósito deliberado de levar o cofre, cujo conteúdo, embora fôsse ignorado pelo dono da casa, pode ter documentos capazes de comprometer a pessoa responsável pelo assalto.

Os policiais admitiram que o assalto tenha fundamento político, o que é reforçado pelo fato de a Sra. Ana Benchimol Caprigliene ter sido pessoa muito ligada ao falecido Ademar de Barros.

FUGA

Vizinhos da casa assaltada afirmaram que, enquanto o Chevrolet subiu a rampa de acesso à casa, a Rural e o Aero Willys ficaram na rua. Quando o primeiro veículo voltou, o motorista acenou afirmativamente com a cabeça para os que aguardavam na rua, indicando que tudo saíra conforme o planejado.

O cofre estava na parte alta da casa. Foi trazido para fora pela escadaria, com auxílio de um pedaço de madeira, utilizado como alavanca e colocado no Chevrolet, estacionado nas proximidades da casa.

— Quando vimos aquêles carros parados ali, nem julgávamos que fôssem assaltantes — afirmaram os vizinhos, acrescentando que, com o tempo, começaram a desconfiar, mas já era tarde, porque pouco depois os três carros saíram em disparada, descendo a ladeira, em direção à cidade.

OS SEQUESTROS

Embarque dos 40 banidos, rumo à Argélia, trocados pelo embaixador alemão no Brasil, Ehrenfried Von Holleben

[1] [2] [3] [4] [5] [6] [7]

1 Dulce Maia
2 Ângelo Pezzuti
3 Darcy Rodrigues
4 Carlos Minc
5 Maria do Carmo Brito
6 Ladislas Dawbor
7 José Araújo de Nóbrega

Rumo ao Chile, os 70 banidos trocados pelo embaixador suíço no Brasil, Giovanni Bucher

[1] [2] [3] [4]

1 Wellington Moreira Diniz, o "Noventa"
2 Antônio Expedido Perera
3 Reinaldo José de Melo
4 Gustavo Schiller

GUSTAVO SCHILLER

Fases da vida de Gustavo. Ao lado, em 1972, no Chile, logo após uma rinoplastia: cirurgia para consertar o nariz quebrado durante a tortura; abaixo, em Londres, durante o exílio

De volta ao Brasil, na Ilha de Marajó, com a filha Joana

Velejando no barco *Utopia*: descrença em relação ao futuro do Brasil

Espinosa, ao contrário da maioria dos quadros vindos da VPR, não era um militarista de carteirinha. Sua visão da política o aproximou muito mais dos militantes que defendiam a mobilização das massas do que da turma que queria partir logo para o ataque. Sua relação com Carlos Franklin de Araújo, um "massista" convicto, era a melhor possível. Araújo e Espinosa tinham trajetórias parecidas, com um histórico precoce de militância política. Aos 31 anos, filho de um militante histórico do PCB, Araújo orgulhava-se de ter sido perseguido pela polícia aos 14 anos por pichar muros de Porto Alegre com o bordão nacionalista "O petróleo é nosso!" Em 1961, esteve ao lado de Leonel Brizola na Campanha da Legalidade e logo depois se tornou assessor de Francisco Julião, o líder das Ligas Camponesas. Advogado trabalhista, Araújo já era considerado uma lenda entre sindicalistas e operários do Rio Grande do Sul quando chegou ao Rio para ser um dos comandantes da nova e heterogênea organização, um saco de gatos prestes a implodir.

Enquanto Araújo armava um jeito de trocar parte do dinheiro, Espinosa iniciou o processo de partilha entre as regionais. A manobra era considerada de alto risco. O general Lucídio Arruda, chefe do Dops, havia concentrado seus esforços para solucionar rapidamente o crime de Santa Teresa. Homens fortemente armados haviam invadido o casarão e roubado um cofre que, segundo a sua dona, Ana Capriglione, estava vazio. A versão da socialite era tão fantasiosa quanto a do sobrinho do vigia, que jurava ter chutado as canelas de Carlos Lamarca. Não era preciso possuir grande erudição para entender as motivações do crime. A chance de um cofre que pertencia à ex-amante de Adhemar de Barros, uma das herdeiras de sua incalculável fortuna, estar vazio era a mesma de Sérgio Paranhos Fleury filiar-se ao Partido Comunista.

O fato de Ana Capriglione sustentar a sua versão até o fim e de boa parte da imprensa tratar o assalto com pouco interesse provocou um rebuliço nos quartéis e nas delegacias. Uma grande quantia em dinheiro, que oficialmente não pertencia a ninguém, circulava nas mãos de um grupo guerrilheiro. Por ironia, os milhões de dólares não serviriam para a VAR-Palmares equilibrar a até então desigual luta contra a repressão, e sim para atiçar ainda mais a tigrada. A repressão mobilizou todos os seus agentes para colocar as mãos nos criminosos de Santa Teresa e, claro, no dinheiro fantasma.

Dois guerrilheiros da Grande Ação caíram uma semana depois do assalto. O carro de Fernando Ruivo e João Domingues foi interceptado por policiais civis na avenida Pacaembu, próximo ao largo da Banana, em São Paulo. Os dois reagiram. Na troca de tiros, três policiais ficaram feridos, Ruivo foi morto imediatamente e Domingues, apesar de ferido, conseguiu se esconder na casa da irmã, em Osasco.

Nascido em Jataizinho, interior do Paraná, açougueiro desde os 12 anos, Domingues era um dos quadros mais aguerridos da organização, levado para a linha de frente da VPR por Espinosa. Compensava a falta de estudos com uma coragem sertaneja. Capturado em Osasco, operado no Hospital das Clínicas para retirada de uma bala no tórax, Domingues foi levado da maca diretamente para os porões do Dops. Torturado por 33 dias seguidos, não resistiu. Morreu sem dizer uma palavra sobre o assalto ao cofre de Santa Teresa.

Mais urgente do que o processo de partilha entre as regionais era a troca de alguns dólares por moeda brasileira.

No fim dos anos 1960, havia poucas casas de câmbio no Rio de Janeiro, e Araújo e Espinosa decidiram trocar mil dólares na casa de câmbio do Copacabana Palace. A organização escalou para fazer a troca duas militantes, que passariam por estrangeiras para não levantar suspeitas.

Araújo sabia que sua namorada representaria bem a personagem, por falar inglês e principalmente pela ascendência búlgara. Por sorte, ela havia passado por um "banho de loja" recentemente e se distanciara um pouco do estereótipo da militante de esquerda. Iara Iavelberg, namorada de Carlos Lamarca, a convencera de que um pouco de vaidade não a tornaria menos engajada politicamente. Só não conseguiu persuadir Dilma Vana Rousseff a trocar os óculos fundo de garrafa por uma armação mais leve.

Wanda, pseudônimo de Dilma, era mais uma estudante pequeno-burguesa a aderir à causa revolucionária. É verdade que ela tinha sangue comunista nas veias — seu pai, Pétar Russév, búlgaro que aportara no Brasil no final dos anos 30, pertencera ao Partido Comunista Búlgaro —, mas os hábitos dos Rousseff (Pétar afrancesara o sobrenome da família) não eram propriamente espartanos. Casado com Dilma Jane Silva, moça de classe média da pequena Uberaba (MG), Pétar prosperara empreitando obras para a siderúrgica Mannesmann e negociando imóveis que ele mesmo planejara. Na casa dos Rousseff, em Belo Horizonte, as refeições eram servidas à francesa por três empregadas vestidas a caráter — só a paixão por dobradinha aproximava Pétar do proletariado.

A passagem da menina apolítica para a estudante engajada se deu em 1965, quando Dilma, aos 17 anos, ingressou no Colégio Estadual Central, um dos centros nervosos do movimento secundarista em Belo Horizonte. Ela se encantou pela literatura de esquerda, principalmente pelas ideias de Régis Debray, marxista francês, autor de *Revolução na Revolução*, um dos livros de cabeceira da juventude esquerdista, que defendia a propagação de revoluções socialistas a partir de focos guerrilheiros. Na Política Operária (Polop), a jovem militante participou intensamente dos debates internos e acabou do lado da turma que dava prioridade à luta armada e que deixaria a Polop para formar o Comando de Libertação Nacional (Colina).

Dilma foi atraída para o centro da militância estudantil movida por um sentimento pequeno-burguês: a paixão. A filha de Pétar não resistiu aos encantos de Cláudio Galeno, jornalista da "Última Hora", que aprendera a fazer bombas caseiras na farmácia do pai e defendia a luta armada como a única forma de derrubar a ditadura. Os dois acabaram no Colina e no altar — uma cerimônia no civil com a presença apenas de militantes.

Dilma e Galeno foram forçados a se separar em janeiro de 1969, quando o prédio em que moravam no centro de Belo Horizonte acabou cercado por viaturas do Dops. Os dois conseguiram escapar e passaram a viver clandestinamente, deslocando-se por cidades diferentes. Numa viagem a Porto Alegre, Dilma conheceu Carlos Araújo. Não resistiu ao charme do advogado gaúcho e passou a namorá-lo. Araújo não só a convenceu de que ele era o melhor partido, como a fez abandonar de vez as ideias foquistas.

Intelectualmente inquieta e com uma disposição incomum para longos debates ideológicos, Dilma destacava-se mesmo por sua disciplina militar e capacidade de organização, qualidades que a levaram a uma posição de destaque no setor operacional. Era ela quem cuidava da distribuição de armas, munição, documentos e dinheiro. O estilo "gerentona", que já aflorava na moça de 22 anos, chamou a atenção do capitão Carlos Lamarca, que tratou logo de apelidá-la de "Mônica", a personagem recém-criada por Mauricio de Sousa. Lamarca era bom de tiro e de apelido. Era impossível não identificar semelhanças entre a jovem militante e a menina dentuça e de personalidade forte que se impunha diante dos garotos da turma.

Dilma vingou-se de Lamarca à sua maneira. Escreveu uma paródia, em parceria com Carlos Alberto Soares de Freitas, de *País tropical*, a música de Jorge Ben que varria o país na voz de Wilson Simonal. Batizado de *Congresso tropical*, o samba fazia referência ao congresso da VAR-Palmares, marcado para a semana seguinte em Teresópolis, na Região Serrana do Estado do Rio. Os dirigentes esperavam cicatrizar as feridas abertas por foquistas e massistas e buscar a tão desejada unidade política, tão utópica quanto o sonho revolucionário. Dilma e Carlos pareciam pressentir o tamanho da encrenca e durante uma conversa de boteco compuseram *Congresso tropical*. O samba era cantado em duo e homenageava dois pesos-pesados da organização, Juarez, o Juvenal, e "Capitão", a patente do desertor Carlos Lamarca. Dilma fazia a primeira voz:

> Esse é um congresso tropical
> Abençoado por Lênin
> Embananado por natureza

Em agosto (em agosto)
Tem Juvenal (tem Juvenal)
E um capitão chamado Lamarca

O samba foi cantado à exaustão no aparelho da Barata Ribeiro, onde Araújo, Dilma, Espinosa e sua companheira, Maria Auxiliadora, comemoraram a troca sem sustos dos mil dólares na casa de câmbio do Copacabana Palace. Um forte esquema de segurança havia sido montado nas imediações do hotel, mas não precisou ser acionado. As "gringas" Dilma e Maria Auxiliadora deram conta do recado. Uma parte insignificante do plano de partilha estava cumprida. Ninguém ainda sabia ao certo como distribuir as quatro malas com 300 mil dólares cada sem levantar o mínimo de suspeita e ainda desviar a atenção da repressão, que já sabia da existência do dinheiro e mobilizara seus agentes na caça ao tesouro.

Espinosa, Araújo e Dilma cuidavam do plano de distribuição dos dólares quando um militante da organização bateu à porta do pequeno apartamento da Barata Ribeiro.

— Um gerente do Bradesco aceita trocar todo o dinheiro por moeda nacional.

— Todo o dinheiro? — espantou-se Araújo.

— Sim. E diz que vai pagar bem acima do câmbio.

— Cuidado. Pode ser uma armadilha. Para quando ele marcou o encontro?

— Amanhã às três da tarde.

— Onde?

— Numa praça aqui em Copacabana.

— Diz para ele ir sozinho. Se não for, nem aparecemos.

— Tá bom.
— Outra coisa: Não vou levar dinheiro nenhum. Quero primeiro conversar com ele.
— Está bem.

Trocar o dinheiro com o tal gerente do Bradesco não deixava de ser um tiro no escuro. O contato da VAR-Palmares garantira que o intermediário trabalhava mesmo como gerente do Bradesco e que a decisão pela troca partira da direção do banco. As duas partes lucrariam com o negócio. O Bradesco colocaria as mãos em dólares, numa época em que apenas o governo podia lidar com a moeda dentro de certos limites. Já a VAR-Palmares negociaria a grana acima dos valores oferecidos pelas casas de câmbio e ainda se livraria dos dólares, mais complicados para se distribuir. Mas se tudo aquilo não passasse de uma cilada armada pela repressão? A questão mobilizou o comando da organização, que optou, por segurança, por não trocar todo o dinheiro. Araújo conta:

Estávamos apavorados, morrendo de medo. Montamos um esquema de segurança pesado em volta da praça Serzedelo Correia. Cinco militantes ficaram de prontidão na rua Hilário de Gouveia e mais cinco na avenida Nossa Senhora de Copacabana. A ordem era abrir fogo se algo desse errado. Mas acabou dando tudo certo. Levamos três dias para trocar o dinheiro. Não lembro a quantia exata, mas era uma parte significativa do um milhão e duzentos mil dólares.

Os dólares de Adhemar e os cruzeiros novos do Bradesco foram distribuídos para várias regionais da VAR-Palmares espalhadas pelo Brasil. Cada um dos seis dirigentes recebeu cerca de 12 mil dólares. Duas malas com milhares de cruzeiros novos foram guardadas no apartamento de Araújo e Dilma, na Barata Ribeiro. Não havia mais tempo para organizar a partilha do dinheiro. Estavam todos convocados para comparecer ao aguardado primeiro Congresso da VAR-Palmares. O encontro entraria para a história como o "Racha dos 7", provocando feridas jamais cicatrizadas entre a militância e mudando para sempre o destino do butim.

CAPÍTULO 7

Um esquema de guerra foi montado para receber os 36 delegados da VAR-Palmares. A estrutura de segurança começava na estrada Rio-Petrópolis, com militantes armados de metralhadoras e radiocomunicadores. Dezenove haviam sido levados de olhos vendados até um casarão em Teresópolis — 14 cuidariam da segurança externa e cinco ficariam de prontidão na cozinha. O aparato de guerra se justificava. Ali estaria boa parte dos "terroristas" procurados pela repressão. Prender todos de uma vez só, enfurnados no mesmo lugar facilitaria o trabalho dos militares, também reunidos a portas fechadas. O presidente Costa e Silva, acometido de trombose cerebral, estava fora da jogada e a linha-dura, liderada pelo general Jayme Portella, já tramava para impedir a posse do vice-presidente Pedro Aleixo, que havia sido contra o AI-5 na reunião do DSN em 1968.

Mas logo no primeiro dia de debates ficou claro que a maior ameaça não viria dos quartéis. Os militantes, rachados entre massistas e foquistas, estavam a um passo de um enfrentamento. As discussões teóricas haviam sido deixadas de lado. Para os foquistas, os massistas não passavam de um bando de "bundas-moles", que negavam o foco guerrilheiro no campo e insistiam na velha punheta ideológica de seduzir operários e estudantes com aquele papo interminável de "frente de massas". Os massistas também tinham perdido a paciência. Dilma Rousseff surpreendera a todos os delegados ao interromper um discurso de Carlos Lamarca, chamando a atenção para a fragilidade de suas ideias e a falta de densidade política dos foquistas. Foi chamada de "bunda-mole". A guerra estava declarada.

Carlos Franklin de Araújo, um dos cardeais da VAR-Palmares, massista de carteirinha, lembra do clima de enfrentamento que foi estabelecido logo nos primeiros debates.

> *Cada vez que um ia falar tinha 200 caras em cima, discordando. Estavam todos armados, um ameaçando o outro, com arma em punho. Era tudo na base da metralhadora. Nós, os políticos, éramos chamados de "bundas-moles" pelos militaristas. O clima piorou ainda mais quando o racha se tornou inevitável e começaram as brigas pelo espólio da organização, que incluía as armas e, claro, o dinheiro do cofre.*

Antes que as discussões em torno da divisão do espólio da VAR-Palmares dominassem os debates, houve uma rápida trégua. Pela televisão, os militantes souberam do sequestro do embaixador americano Charles B. Elbrick, comandado por guerrilheiros da ALN e do MR-8. O alerta geral foi disparado. O sequestro atiçou ainda mais a repressão e colocou em risco o andamento do congresso. Por um momento, pensou-se em liberar imediatamente os quadros estratégicos da organização, entre eles Lamarca. Mas o plano foi abortado imediatamente assim que um militante lembrou que o capitão de Quitaúna faria muita falta caso os militares comandassem uma invasão ao casarão.

A segurança foi reforçada e as discussões retomadas. Mais quentes como nunca. Antônio Roberto Espinosa, cria da VPR e que desde o surgimento da VAR-Palmares se mostrara simpatizante da causa massista, rompeu de vez com os militaristas, base da formação da VPR. Sua mudança de lado foi considerada por parte dos ex-colegas uma traição sem precedentes. O racha estava praticamente consolidado. Os foquistas, liderados por Lamarca, Nóbrega, Darcy, Cláudio de Souza Ribeiro e mais três militantes, decidiram ressuscitar a VPR, reforçada mais tarde por dois nomes de peso: o casal Juarez e Maria do Carmo Brito. Já os massistas, liderados por Araújo, Dilma e Espinosa, ficaram na VAR-Palmares, agora chamada apenas de VAR.

As duas facções passaram a conquistar adeptos na base da intimidação. Acordado às 5h por um militante foquista, Espinosa desceu ainda de pijamas as escadas e entrou na sala principal, onde Lamarca, Nóbrega e companhia o esperavam para comunicar o racha e a volta da VPR. Os sete militaristas estavam sentados, com as armas sobre a mesa, todas apontadas para uma cadeira vazia. A cadeira do traidor. A cadeira de Espinosa.

— O que significa isso, Capitão? — perguntou Espinosa.
— Rachamos. Só falta você aderir. Vamos refundar a VPR.
— Capitão, você sabe qual é o meu posicionamento...

Os dois passaram a discutir. Espinosa reiterou sua posição em favor do trabalho de massas e lembrou que a política de enfrentamento defendida por Lamarca produzira até ali mais baixas do que dividendos para a organização. Ao citar a recente morte de Fernando Ruivo e João Domingues, Espinosa foi interrompido por Nóbrega:

— O Domingues não passava de uma marionete sua — disse Nóbrega.
— Cala a boca! O Domingues merece respeito!
— Vai defender aquele bostinha de açougueiro?
— Seu filho da puta!

Desarmado, Espinosa pegou um copo de café e atirou na cabeça de Nóbrega. O revide foi rápido. Os foquistas apontaram as armas em direção a Espinosa. Os massistas chegaram. Como num filme de Quentin Tarantino, todos passaram a apontar os revólveres uns para os outros. E assim a divisão do espólio da VAR-Palmares começou a ser feita. No centro das discussões, o tesouro mais valioso da agora esfacelada organização: os dólares do cofre de Adhemar.

Os dólares e os cruzeiros novos trocados com o gerente do Bradesco, distribuídos entre as regionais, não tinham mais como ser divididos entre massistas e foquistas. Mas a maioria da grana estava agora nas mãos da nova VPR — o 1,2 milhão de dólares que Juarez entregara para o embaixador da Argélia e os 300 mil dólares guardados por Inês Etienne Romeu, que também aderira à nova VPR. Mas a VAR, que ficara com algumas migalhas do dinheiro do cofre, tinha um trunfo poderoso que iria pesar na negociação do espólio: as armas roubadas do quartel de Quitaúna. Dezenas de fuzis estavam muito bem escondidos por José Mariane Ferreira Alves, o Cabo Mariane, que havia desertado do quartel junto com Lamarca e Darcy e que, ao contrário de seus companheiros, era contra o racha e decidira ficar na VAR. Quando Lamarca exigiu as armas de Quitaúna de volta, Espinosa já tinha a resposta na ponta da língua:

— Capitão, nós devolvemos as armas, mas queremos os dólares.

— Nem pensar. Se não devolverem as armas, vamos justiçar o Mariane.

— Se vocês justiçarem o Mariane, nós vamos justiçar a Inês.

— Tudo bem, vamos negociar. Quanto vocês querem?

— Os dólares da Inês e metade dos fuzis.

— Nem pensar. Vocês ficam com 200 mil dólares e 10 fuzis.

— Fechado.

*

Ninguém entendeu quando o menino de 19 anos, que estava mais para hippie do que guerrilheiro, desembarcou em Porto Alegre para ajudar a juntar os cacos da esfacelada VAR-Palmares, agora dividida ao meio. O garoto justificava o apelido de "Bicho". Cabelos compridos, calça boca de sino e chinelão de couro, fã de Cartola e Zé Kéti, Gustavo Schiller chegara à capital gaúcha com status de herói. Juarez, reconhecendo a sua coragem de pôr a família em risco em nome da causa revolucionária, decidiu recompensá-lo com um cargo importante. Articulado, Gustavo seria o contato da nova VAR com a nova VPR. Era importante que massistas e foquistas não se digladiassem em Porto Alegre, cidade considerada estratégica para toda a militância de esquerda — por lá passavam os guerrilheiros em fuga para o Uruguai. A missão de Gustavo não seria fácil. Além de intermediar possíveis conflitos, ele participaria pela primeira vez de ações armadas. Bom de dialética e péssimo de tiro, o ex-universitário não sabia distinguir um revólver .38 de uma pistola .45.

Para piorar, o momento não era dos melhores para fazer "expropriações" em Porto Alegre. O mais temido comandante da repressão rondava a cidade. Sérgio Paranhos Fleury chegara à capital com a incumbência de capturar Edmur Péricles Camargo, um dos mais atuantes guerrilheiros da época, que, descontente com os rumos da ALN, havia decidido criar sua própria organização. O M2-G — homenagem a Mao, Marx e Guevara — concentrara a base de suas ações em Porto Alegre e prometia incendiar a cidade com assaltos a bancos e quartéis. O grupo foi rebatizado de M3-G assim que Edmur soube da morte de Carlos Marighela, assassinado pelo grupo de Fleury numa emboscada no bairro Jardim Paulista, em São Paulo.

Gustavo aprendeu a atirar com a namorada gaúcha, Ignez Maria Serpa, cria do Partido Operário Comunista (POC) e única mulher a ascender ao comando operacional da VAR, que tratou logo de levá-lo para um curso intensivo na Lagoa dos Patos. Gustavo tinha pressa. A primeira ação já estava programada: roubar uma agência do Banco do Brasil em Viamão, na região metropolitana de Porto Alegre.

Sua primeira providência foi dar adeus à cabeleira. Disfarçado de tenente da Brigada (Polícia) Militar, com bigode e costeleta postiços, Gustavo comandou o assalto à agência e mostrou frieza nos momentos de maior tensão. Nunca mais foi visto com desconfiança pela base da militância gaúcha, que desconhecia sua participação no assalto de Santa Teresa e que desde sua chegada implicava com o jeitão de menino burguês da Zona Sul carioca.

Fleury seguia no encalço de Edmur. Seus homens haviam localizado a chácara onde morava o guerrilheiro, mas esse conseguiu fugir minutos antes da chegada dos policiais. Sobrou para o caseiro. Mas, apesar de torturado durante dias seguidos, não abriu a boca durante todo o interrogatório. Fleury avisou à mulher do caseiro que ele só voltaria para casa quando fornecesse alguma pista sobre o paradeiro de Edmur.

Gustavo soube da história e decidiu, mesmo desaconselhado pela militância da VAR, ir pessoalmente até a chácara levar comida e dinheiro para a mulher do caseiro, que havia um mês se desdobrava para alimentar os cinco filhos. Gustavo sabia que Fleury não soltaria o chefe da família tão cedo. Ele não havia dito nada nos interrogatórios porque não tinha absolutamente nada a dizer. Edmur não seria ingênuo de deixar pistas. Gustavo pegou um ônibus até a Vila Dique, bairro da periferia de Porto Alegre. Pulou o portão de madeira da chácara e dirigiu-se ao casebre, onde morava a família do caseiro. Mal teve tempo de bater à porta.

— Não se mexa. Se tentar fugir, leva bala.

Gustavo foi colocado frente a frente com Fleury. O delegado estranhou o figurino e o jeitão do garoto. Não parecia um subversivo. Mas se estava na chácara de Edmur, boa coisa não era.

— O que você estava fazendo na chácara?
— Estava levando comida para a família.
— De onde você conhece a família?
— Não conheço. Eu estava passando perto da casa e a mulher pediu para eu comprar comida.
— Onde você mora?
— Em Viamão.
— E o que está fazendo na cidade?
— Vim procurar emprego.
— E esse sotaque do Rio de Janeiro?
— Eu sou do Rio.
— E o que veio fazer aqui?
— Procurar trabalho.
— Sair do Rio para procurar emprego aqui?
— Sim, senhor.

Fleury não engoliu a história de Gustavo, mas também não achou que ele tivesse algum tipo de vínculo com o grupo de Edmur. Era muito ingênuo para fazer parte do M3-G. Parecia mais um desses babacas da Zona Sul carioca, metidos a idealista, que saem da cidade para se livrar da opressão dos pais e provar que são independentes. Mas, mesmo assim, ele não ia dar moleza. Não custava nada mantê-lo preso.

— Eu não engoli sua história, garoto. Vai ficar um pouco de molho aqui com a gente.
— Mas eu tenho...

— Podem levar

Os homens de Fleury passaram dez dias ignorando a presença de Gustavo no prédio do Palácio da Polícia. Não o libertaram por absoluto esquecimento — estavam mais preocupados em descobrir o paradeiro de Edmur. Entre a militância de Porto Alegre, porém, a notícia da prisão de Gustavo caiu como uma bomba. Ele era o contato da VAR com a VPR, militante de confiança das duas organizações, e sua prisão podia causar prejuízos irreversíveis. Além de tudo, a polícia ainda não descobrira quem passara as informações sobre a existência do cofre de Santa Teresa para a VAR-Palmares. Quando descobrisse que o informante era ninguém menos do que o rapaz que havia sido preso na chácara, não interromperiam a tortura enquanto Gustavo não entregasse todas as pistas dos dólares roubados.

Os militantes da VAR e da VPR não sabiam que os homens de Fleury ignoravam completamente quem era Gustavo e que sua libertação era uma questão de dias. Na pressa de libertá-lo, a VPR decidiu acelerar um antigo plano: sequestrar o cônsul dos Estados Unidos em Porto Alegre e usá-lo como moeda de troca para a libertação de Gustavo e de outros presos políticos. Curtis Carly Cutter era chamado carinhosamente pelos militantes da VPR de "Mr. CCC" — o fato de o cônsul ter as mesmas iniciais do Comando de Caça aos Comunistas animou ainda mais a guerrilha.

Na noite de 4 de abril de 1970, Cutter voltava de um jantar com a mulher e um amigo quando sua caminhonete Plymouth Fury foi interceptada numa esquina por três militantes da VPR. O cônsul, veterano da Guerra da Coreia, não se intimidou e acelerou a caminhonete contra os guerrilheiros. Na passagem levou um tiro no ombro, mas conseguiu fugir. A polícia gaúcha deslocou todo o aparato na busca dos sequestradores e em menos de uma semana já havia prendido dois militantes, que, torturados, falaram o que sabiam. Não era mais segredo para ninguém: o garoto carioca preso por Fleury era ninguém menos do que Gustavo Schiller, militante de confiança de Juarez, o elo da extinta VAR-Palmares com os milhões de dólares de Adhemar de Barros.

Gustavo passara os dez dias de prisão lendo romances emprestados por um carcereiro. Tinha direito a dois banhos de sol por dia e desde sua captura não subira para a sala de interrogatório. Sua rotina começou a mudar no dia em que ele recebeu a notícia de que seria levado para ser interrogado no terceiro andar do prédio, mais precisamente na sala do delegado Pedro Seelig, diretor do Dops gaúcho. Chamado pelos próprios colegas de "Carcará", a ave predadora que "pega, mata e come", Seelig nunca chegou a pôr as mãos em um preso político, mas fazia questão de acompanhar de perto, com grande entusiasmo, todos os rituais de tortura. Magro e de estatura mediana, com os cabelos grisalhos impecavelmente repartidos ao meio, Seelig formava com o oficial do Exército Paulo Malhães a dupla mais sádica e sanguinária da repressão gaúcha. Apelidado de "A Besta", Malhães gabava-se de seu extenso repertório nos porões do Dops, incluindo uma técnica que ele aprendera com policiais americanos: apertar certos pontos do corpo que produziam uma dor insuportável no torturado.

Assim que entrou na principal sala do terceiro andar, Gustavo estranhou o comportamento de Seelig. O delegado estava sorrindo e iniciou a conversa falando baixo e demonstrando certa simpatia pelo interrogado. Fazia parte de seu sadismo. Na primeira resposta evasiva de Gustavo, que tentava parecer o mais ingênuo e idiota possível, Pedro Seelig já era Pedro Seelig. O grito foi ouvido no andar de baixo:

— Olha para mim quando fala! Eu já sei quem tu és, seu merda!
— Sim, senhor.
— O que tu veio fazer em Porto Alegre?
— Estou de férias. Sou estudante universitário.
— Ah, tu veio passear, é isso?
— Sim, senhor.
— Você está me achando com cara de idiota?
— Não, senhor.
— Acho que está sim. Não vou perder meu tempo com você.
— Estou dispensado?
— Sim, está. Pode ir.

Gustavo saiu da sala de Seelig diretamente para o xadrez. Já deitado em sua cama, com o livro aberto, ouviu do carcereiro:

— Acabou a moleza, garoto. Pode se preparar.
— Eles vão me torturar?
— Pior do que isso. Vão te entregar ao Doutor Pablo.

Gustavo já ouvira esse nome antes. Os militantes gaúchos contavam histórias tenebrosas sobre o tal capitão. Doutor Pablo era como Paulo Malhães se apresentava nas câmaras de tortura. Sádico, cumprimentava o torturado como se o estivesse recebendo para uma consulta dentária.

— Boa-noite, garoto. Eu sou o Doutor Pablo.

Duas horas depois, Gustavo já havia recebido choques elétricos em várias partes da cabeça e experimentado a especialidade de Malhães: os terríveis apertões pelo corpo. Nunca sentira dor parecida. O capitão, em transe, queria saber onde se encontravam os principais dirigentes da VAR e da VPR em Porto Alegre. Uma pergunta era repetida à exaustão:

— Onde está o dinheiro do cofre?

Gustavo resistiu à tortura. Não entregou nenhum dos companheiros e, por absoluto desconhecimento, não falou sobre o paradeiro dos dólares de Adhemar.

— Podem levar o guri. Daqui a pouco tem mais.

Gustavo preparava-se para o décimo dia de tortura quando Malhães, radiante, anunciou a novidade:

— Hoje você terá uma companhia muito especial, guri.

Ignez Maria Serpa, a namorada de Gustavo, entrou arrastada pelos cabelos. Presa logo em seguida a Gustavo, também passara por intensa tortura e contara bem menos do que sabia. Ignez recorda:

Recebi tantos choques na vagina que perdi meu útero. Ele dava choque no saco do Gustavo como se fosse colher sêmen de gado, ele chegou a ejacular durante a tortura. Queria saber onde estavam os dólares do cofre do Adhemar e quais eram os documentos que incriminavam os militares. Como o Gustavo não sabia de nada, ficamos nas mãos do Malhães durante três meses. Quando ele percebeu que não conseguiria arrancar mais nada da gente, passou a nos usar como cobaias. Quando começava a aula prática de tortura, ele chamava a gente. Mostrava onde era o melhor lugar para dar choque, como fazer tortura psicológica etc. Ensinou até como dar os apertões pelo corpo, a sua especialidade.

Levado quase à morte por Malhães, Gustavo chegou a citar o nome de Juarez como o homem que o mandara para Porto Alegre para fazer a ponte entre a VAR e a VPR. A confissão de nada serviu à repressão. Juarez, o comandante do assalto à mansão de Santa Teresa, já estava morto com um tiro na cabeça. Dado por ele mesmo.

CAPÍTULO 8

O sequestro do embaixador americano Charles Elbrick garantira a liberdade de Onofre Pinto e de mais 14 presos políticos, enviados imediatamente para o México. Mas enquanto um quadro importante era solto, dez eram presos. A repressão continuava vencendo com folga a queda de braço travada com a luta armada. Marighela estava morto e Lamarca se embreara com mais vinte militantes numa fazenda em Jacupiranga, no Vale do Ribeira, em São Paulo. Sonhava em repetir o feito de Fidel e Che Guevara. Nas grandes capitais, a nova VPR e a VAR tentaram — agora separadas — juntar os cacos depois do tumultuado congresso de Teresópolis. Não havia tempo. Um a um, dirigentes das duas organizações começaram a cair. Antônio Roberto Espinosa, um dos primeiros, caiu em dezembro de 1969. Sua prisão foi comemorada com entusiasmo pelos militares. Não só pela importância de Espinosa, mas principalmente por causa dos 12 mil dólares encontrados em seu aparelho, jamais mencionados nos inquéritos. O cofre de Adhemar começava a engordar os cofres da repressão.

Dilma Rousseff foi presa dois meses depois de Espinosa. Havia sido enviada a São Paulo por Carlos Araújo para tentar reorganizar a VAR na cidade e reforçar o caixa da organização. A maleta de dólares levada por ela seria usada para compras de armas, documentos e, principalmente, para sustentar os militantes, vivendo em condições precárias.

O rateio nem chegou a ser feito. Presa com os dólares do Adhemar, também jamais declarados, um Fusca e documentos falsos, Dilma caiu nas mãos do capitão do Exército Benoni de Arruda Albernaz, torturador dos mais dedicados. Submetida ao pau de arara e a choques elétricos por 22 dias, deu informações sobre o paradeiro de quatro militantes, mas nada sobre o marido Carlos Araújo.

O silêncio de Dilma apenas adiou por alguns meses a prisão do dirigente da VAR. Capturado na Zona Oeste de São Paulo, Araújo, fiel seguidor do Manual do Guerrilheiro, tentou o suicídio, jogando-se debaixo de uma Kombi numa rua de grande movimento. Com apenas algumas escoriações, foi levado imediatamente aos porões do Dops e forçado a falar o que sabia.

Um ano após a Grande Ação, apenas dois (Sônia e Jesus Paredes) dos 11 guerrilheiros presentes no assalto de Santa Teresa continuam na ativa. Seis (Darcy, Wellington Muniz, Nóbrega, João Marques Aguiar, Minc, Reinaldo) estavam exilados, dois (Fernando Ruivo e João Domingues) haviam sido mortos e um se matara. Na tarde de 18 de abril, cercado por militares do I Exército numa rua do Jardim Botânico, na Zona Sul do Rio, Juarez, o homem que comandara a mais bem-sucedida "expropriação" da luta armada no Brasil, tomou a arma das mãos da companheira Maria do Carmo e atirou na própria cabeça. Maria do Carmo não cumpriu o pacto firmado com o marido anos antes: reagiu, levou um tiro de raspão na mão e acabou presa.

Maria do Carmo não era apenas a mulher de Juarez, um dos mitos da luta armada. Membro do diretório nacional da VPR, era talvez a militante que tinha mais conhecimento de tudo que se passava dentro da organização. No aparelho do casal, no bairro da Gávea, uma espécie de QG da VPR, os militares encontraram, além de farta documentação, um detalhado plano para sequestrar o embaixador da Alemanha no Brasil, Ehrenfried Anton Theodor Ludwig von Holleben Barbaramente torturada, ao lado da mãe e da irmã, também presas para servir como instrumentos de chantagem dos militares, Maria do Carmo não resistiu. Entre os segredos revelados, ela explicou com detalhes como havia conseguido enviar, com a ajuda de um embaixador, um milhão de dólares do cofre de Adhemar para a Argélia. A confissão de Maria do Carmo criou um princípio de crise diplomática entre o Brasil e o país africano e Hafid Keramane achou melhor deixar o cargo.

A morte de Juarez e a prisão de Maria do Carmo também criaram uma saia justa para o ex-governador Miguel Arraes, escolhido pelo casal para ser uma espécie de "curador" dos dólares do cofre depositados numa conta da Suíça pelo governo argelino. Keramane só movimentaria a conta e entregaria os dólares a um militante depois que recebesse o aval de Arraes. Esse, no entanto, só daria permissão depois de ouvir Juarez ou Maria do Carmo. O elo entre o ex-governador e os dois militantes havia se quebrado naquela tarde de 18 de abril. Libertado após o sequestro do embaixador americano,

Onofre Pinto fazia pressão para ter logo acesso aos dólares, que ajudariam na reorganização da guerrilha no exterior. Arraes, porém, estava irredutível: sem a presença de Maria do Carmo ninguém movimentaria a conta na Suíça.

Os militantes não tinham mais nada a perder. Com os principais quadros estratégicos presos, a VPR decidiu desencadear uma grande operação para libertar Maria do Carmo e outros líderes. Em homenagem à recente morte de um de seus líderes, criou-se a Unidade de Combate Juarez Guimarães de Brito (UC/JGB). Primeiro, pensou-se em sequestrar o embaixador do Japão no Brasil, mas a ação foi suspensa horas antes pela presença de um camburão da polícia. Durante uma reunião para discutir qual seria o novo alvo, um dos integrantes da UC/JGB teve uma grande ideia: levar adiante o sequestro do embaixador alemão. Os militares jamais desconfiaram que a VPR executaria a ação com o planejamento já conhecido. E assim foi feito. Com a ajuda da Ação Libertadora Nacional (ALN), que emprestou armas e enviou ao Rio um de seus mais experimentados guerrilheiros, Eduardo Leite, o Bacuri, o embaixador alemão ficou cinco dias nas mãos da luta armada. Depois de intensa negociação entre militares e guerrilheiros, chegou-se a um consenso: Ludwig von Holleben seria solto em troca da libertação de 40 presos políticos.

Os 40 militantes tinham um destino certo: Argel, a capital da Argélia. Maria do Carmo Brito foi uma das primeiras da lista preparada pelos líderes da VPR e da ALN. Junto com ela, desembarcaram no país africano, em 15 de junho de 1970, outros guerrilheiros envolvidos no assalto de Santa Teresa: Darcy, Nóbrega e Minc. Wellington Muniz, o Noventa, ficou fora da lista, punido por revelar aos militares, durante a tortura, o paradeiro de Juarez e Maria do Carmo.

A viúva de Juarez não teria sossego na capital argelina. Única militante com acesso aos dólares de Adhemar, Maria do Carmo foi pressionada por todos os lados. Onofre Pinto, de Cuba, deixara claro que o dinheiro fosse entregue a ele e a mais ninguém. Ameaçou submeter a militante a um "tribunal revolucionário" caso os dólares não passassem a ser movimentados sob o seu comando. Já o grupo de exilados que chegara com Maria do Carmo a Argel exigia uma divisão "democrática" da fortuna entre todos os militantes. A grande maioria vivia em condições precárias, muitos com a saúde abalada depois de meses de tortura nos porões do DOI-Codi. Nóbrega conta:

> *Eu cheguei a Argel vomitando sangue. Estávamos todos destroçados pela tortura e pelo cansaço da viagem. O governo argelino nos ajudou, mas era uma ajuda simbólica. Casa e um pouco de comida. A situação era terrível: a maioria não tinha dinheiro nem para comprar remédio, enquanto um grupo pequeno de militantes desfrutava de um milhão de dólares. Eu só consegui ir à farmácia porque o Oscar Niemeyer, que estava em Argel desenvolvendo um projeto para uma universidade local, me deu uns trocados. A gente naquela situação e o grupo de Maria do Carmo comendo peixe e tomando vinho.*

Em entrevista ao jornal *O Estado de S. Paulo*, em 18 de junho de 2009, Maria do Carmo revelou que sua vida em Argel se transformara num inferno e que ela decidira, em dezembro de 1970, seis meses depois de sua chegada à capital argelina "se livrar de tudo aquilo", do peso de ser a única a ter acesso à conta de um milhão de dólares. Num almoço na casa de Miguel Arraes, com a presença de Hafid Keramane, a senha da conta foi entregue ao homem de confiança de Onofre Pinto na Argélia, então namorado de Maria do Carmo, que também chegara ao país trocado pelo embaixador alemão: Ângelo Pezzuti. Ex-estudante de medicina, fundador do Colina, Pezzuti era um dos alicerces da VPR, famoso pelo destemor com que enfrentava a ditadura e por sua liderança intelectual. Havia sido um dos redatores do "Documento de Linhares", que denunciava a tortura nas prisões. Ele mesmo servira de cobaia, ao lado do irmão, de uma aula de tortura para 100 oficiais na Vila Militar do Rio de Janeiro.

Depois do almoço na casa de Arraes, quatro dirigentes da VPR passaram a ditar as regras. Ficou estabelecido que Onofre Pinto, Ângelo Pezzuti, Ladislas Dowbor, um dos ideólogos da VPR, e um quarto militante, nomeado por Onofre "o embaixador da organização na Europa", teriam acesso à conta na Suíça. O tal "embaixador" tinha mesmo pinta de diplomata. Entrara para a história como o primeiro metrossexual da esquerda brasileira, muito antes de Fernando Gabeira aderir à tanga de crochê. Fazia reuniões usando robe de chambre, cortava o cabelo em salões femininos e sempre preferiu cachimbo a charutos cubanos. Filho de um delegado de polícia, ex-defensor dos "valores da família brasileira", o advogado Antônio Expedito Perera mudara radicalmente de lado, mas não conseguira abandonar os hábitos pequeno-burgueses. Conquistara a confiança de Onofre em agosto de 1968, ao subornar policiais e conseguir a libertação de importantes quadros da VPR, entre eles Ladislas Dowbor, detidos no presídio Tiradentes.

Identificado com a luta armada, depois de se decepcionar com os rumos da "Revolução de 64", Perera transformara seu luxuoso apartamento na rua Buriti, em São Paulo, em aparelho da VPR. Lamarca e Onofre chegaram a se hospedar por lá, mas dispensaram os lençóis de linho. Seu comportamento nos porões do Dops foi considerado "exemplar" por Onofre. Torturado durante nove dias, em algumas sessões diante de sua mulher, quase não falou. Afirmou que era apenas um advogado identificado com grevistas de Osasco e que nunca ouvira falar de Carlos Lamarca e Onofre Pinto. Transferido para o presídio Tiradentes, Perera ficou preso na cela 4 especial, apelidada de "Cela dos Lordes", por abrigar deputados cassados, intelectuais e burgueses, envolvidos diretamente ou indiretamente com a militância de esquerda. Na cela, de robe de chambre, o advogado foi visto mais de uma vez dividindo o cachimbo com o historiador Caio Prado Jr.

Solto com outros 69 presos, libertados em troca do embaixador da Suíça, Giovanni Enrico Bucher, também sequestrado por militantes da Unidade de Combate Juarez Guimarães de Brito, em dezembro de 1970, Perera ficou pouco tempo em Santiago do Chile. Na Europa, ele cumpriria com rigor a missão designada por Onofre Pinto. Viver como embaixador era com ele mesmo.

Transferido para a penitenciária de Porto Alegre e, onde convivia com presos comuns (para protegê-lo dos bandidos, o dentista do presídio tomara-o como ajudante), Gustavo Schiller aguardava ansioso o desfecho do sequestro do embaixador suíço. Nos raros momentos em que esteve com os seus pais após a prisão, e nas viagens ao Rio para prestar depoimento, Gustavo soubera que as negociações entre governo e os chefões da VPR em torno da lista de presos que seriam soltos e enviados para o Chile em troca da liberdade do embaixador se arrastavam por mais de um mês. A repressão vetara vários nomes. Gustavo temia ser vetado pela própria VPR. Submetido a choques elétricos, socos e pontapés durante quase quatro meses (Paulo Malhães quebrara o seu nariz durante a tortura), Gustavo entregara alguns companheiros e revelara todo o plano da ação de Santa Teresa, admitindo, em depoimento, que o cofre não estava vazio, contrariando o que afirmara Ana Capriglione e muitos de seus companheiros presos.

O nome de Gustavo acabou incluído na lista dos 70 na última hora por pressão de um velho amigo dos tempos de movimento secundarista que participara do sequestro do embaixador suíço: Alfredo Sirkis. Meses antes, durante o sequestro do embaixador alemão, Wellington Muniz havia sido excluído da lista de libertados, acusado de falar demais durante a tortura e de ser o responsável direto pela prisão de Maria do Carmo e pelo suicídio de Juarez. Gustavo, argumentou Sirkis, não deveria ter o mesmo destino de Wellington — resistira com bravura ao sadismo de Paulo Malhães e tivera a coragem de pôr a família em risco revelando a existência do cofre de Adhemar, naquele momento o único recurso à disposição da quase esfacelada VPR.

Gustavo decolou na madrugada de 13 de janeiro de 1971 rumo ao Chile de Salvador Allende, o primeiro presidente marxista eleito na América Latina. Perturbado, abalado psicologicamente pelos meses de tortura, Gustavo sugeriu aos comandantes da VPR que ele fosse submetido a um tribunal revolucionário por causa do comportamento na prisão. Aceitaria, sem resistir, qualquer condenação, inclusive a pena de morte. Quem o acalmou e o fez esquecer por um momento o complexo de culpa foi sua namorada no Rio e também engajada na luta armada. Os dois logo passaram a morar juntos, numa casa sem reboco, sem móveis e sem aquecimento, algo terrível para os padrões do inverno chileno. Ela conta:

> *A família conseguiu mandar um bom dinheiro para o Gustavo assim que ele chegou ao Chile. Mas ele se recusava a tocar na grana, dizia que era da "revolução". Nosso menu diário era constituído de arroz com banana frita ou mingau. Eu me lembro de que o Gustavo ficou perplexo quando o Roberto Antonio de Fortini (ex-dirigente do Partido Operário Comunista, POC, e na época responsável pela logística da VPR no Rio Grande do Sul), um homem mais velho, rude, chegou com uma mulher para ficar uns tempos na nossa casa. A mulher do Fortini chegou reclamando: disse que a casa precisava de cortinas e que ela tinha de comprar, urgentemente, uma cinta-liga porque achava que sua barriga estava muito grande. O Fortini pegou a grana que estava com a gente e fez todas as vontades dela. O Gustavo ficou assustado, mas não reclamou. Ele ainda se sentia muito culpado por ter falado durante a tortura e achava que não tinha o direito de protestar.*

Enquanto boa parte dos militantes em Santiago vivia à base de mingau e pão com banana, Antônio Expedito Perera, o "embaixador da VPR", fazia jus à fama de bom burguês. O advogado elegera uma casa na Rue Octave Feuillet, um dos endereços mais elegantes de Paris, o centro de suas operações na Europa. O local não havia sido escolhido por questões estratégicas. Era ali que morava sua nova namorada, Yolanda Cerquinho da Silva Prado, filha de Caio Prado Jr., o historiador com quem Perera dividira o cachimbo na cela dos lordes do presídio Tiradentes. Ainda em Santiago, o advogado recebera uma carta de Yolanda agradecendo a tudo que ele havia feito pelo seu pai durante a prisão. Depois de algumas correspondências trocadas, Yolanda pôs à disposição de Perera o apartamento em Paris.

Era tudo de que Perera precisava. Ele já tinha, graças a Onofre Pinto, livre acesso à conta da Suíça, com os dólares do cofre do Adhemar ainda praticamente intocados. Faltava um bom endereço em Paris, mesmo que o apartamento de Yolanda não fosse dos mais seguros. Ela era ligada ao PCB e o pai, Caio Prado, cassado pelo regime, vivia às turras com os militares desde 1930. Perera, apelidado de "Bala de Mel" pelos chefões da VPR, por sua capacidade de ser desejado por belas mulheres, iniciou um tórrido romance com Yolanda.

No livro *O homem que morreu três vezes*, que narra a trajetória de Perera, o autor Fernando Molica conta quão a sério seu personagem levou o novo cargo de embaixador da VPR. Ainda em 1971, mandou de diversos países da Europa cartões-postais para a família, viajando de primeira classe e se hospedando apenas em hotéis cinco estrelas. Chamado para justificar o alto gasto de seus deslocamentos, Perera argumentou: disfarçado de milionário ele reduzia as chances de ser preso.

A vida mundana levada pelo embaixador da VPR na Europa desagradou à maioria dos militantes, que exigiam uma divisão igualitária dos dólares de Adhemar. A organização já estava rachada em três facções: o grupo dos sargentos, chefiado por Onofre Pinto; os intelectuais, ligados a Ladislas Dowbor; e os antigos militantes do Colina, liderados por Ângelo Pezzuti e Maria do Carmo Brito. A luta pelos dólares só iria acelerar ainda mais o processo de implosão da VPR.

CAPÍTULO 9

No Brasil, insatisfeito com os rumos da VPR, imobilizada por intermináveis divergências internas, Carlos Lamarca decidira abandonar o barco e partir para outra aventura, dessa vez na divisa entre Bahia e Goiás, onde o MR-8 pretendia recrutar quadros e instalar as bases de um foco guerrilheiro. A saída de Lamarca abrira espaço para um novo líder, vindo de Cuba e recrutado por Onofre Pinto, que teria a difícil missão de juntar os cacos da VPR e melhorar o diálogo com outras organizações revolucionárias.

José Anselmo dos Santos, o Cabo Anselmo, teria muito trabalho pela frente, ainda mais depois de sua prisão, em maio de 1971, quando se convertera no cachorro (informante) de luxo do delegado Sérgio Paranhos Fleury. Todos os grandes agentes da repressão tinham os seus cachorros. Carlos Alberto Brilhante Ustra, comandante da DOI-Codi em São Paulo, chegou a formar um canil com 10 informantes, boa parte deles recrutados na própria esquerda. Mas ninguém foi tão eficiente e produtivo quanto o Cabo Anselmo. Com o respaldo político e financeiro de Onofre

Pinto, ele seria o responsável pela prisão e morte de vários militantes.

Onofre conhecia Anselmo desde o início dos anos 1960, quando militares de baixa patente passaram a reivindicar maiores direitos dentro das Forças Armadas. Eles exigiam salários melhores e direito a assistência médica, privilégios reservados apenas às altas patentes. Carismático, com capacidade de articulação acima da média, Anselmo tornou-se um líder dentro o grupo, chegando a presidir a Associação dos Marinheiros e Fuzileiros Navais do Brasil (AMFNB), que mantinha fortes ligações com "movimentos subversivos". Em março de 1964, Anselmo liderou a "Revolta dos Marinheiros", quebrando a hierarquia militar e encampando o discurso da esquerda pelas reformas de base. Era o pretexto que os militares esperavam para apressar o golpe contra o presidente João Goulart, identificado com a esquerda e os sindicatos.

Havia fortes suspeitas de que Anselmo já era informante muito antes de se tornar o cão adestrado de Fleury, em maio de 1971. Preso logo após o golpe militar, o ex-líder dos marinheiros rebelados não foi incomodado em sua cela na delegacia no Alto da Boa Vista. Tinha, aliás, permissão para caminhar pela cidade de vez em quando. Sua fuga, em abril de 1966, aconteceu de forma misteriosa — segundo algumas versões, ele tinha a chave da própria cela. Considerado um herói da resistência por Onofre Pinto, Anselmo foi imediatamente acolhido pelo chefão da VPR. Enviado primeiro ao Uruguai, onde Leonel Brizola liderava o Movimento Nacionalista Revolucionário (MNR), acabou em Cuba, recrutado para o curso intensivo de guerrilha.

Na volta ao Brasil, em 1970, Anselmo não demorou a conseguir um papel de destaque dentro da VPR, sempre respaldado por Onofre. De simples militante, responsável por esconder munição e outras pequenas tarefas, foi alçado ao comando da organização em São Paulo logo após a saída de Lamarca. O ex-cabo teria a missão de estabelecer contato entre os grupos revolucionários, destroçados pela repressão, e reorganizar a VPR na cidade. Ele teria ao seu lado um velho companheiro de militância, que também participara da revolta dos marinheiros: José Raimundo da Costa.

A presença de Anselmo animou Raimundo: os dois eram amigos e se completavam. O verborrágico Anselmo era o agitador e ele o homem dos bastidores, das articulações. Juntos eles haviam comandado uma das maiores insurreições da história da Marinha. A vinda de Anselmo daria um novo fôlego à organização. Raimundo não desconfiava de que seria a primeira presa do cachorro de Fleury.

Em dia 4 de junho de 1971, uma semana após ser preso, Anselmo foi posto frente a frente com Sérgio Paranhos Fleury. O cabo não titubeou: aceitou de bom grado a proposta do delegado e transformou-se no "agente Kimble", uma alusão ao médico Richard David Kimble, personagem do seriado americano O *fugitivo*, sucesso na época. O cachorro desfrutaria de algumas mordomias, entre elas um salário mensal de 300 dólares, quantia simbólica para quem teria, graças à amizade com Onofre, livre acesso aos dólares do cofre de Adhemar.

José Raimundo não teve muito tempo para traçar os novos planos com o amigo marinheiro. Primeiro, precisava dar um sumiço numa mala com 100 mil dólares. Era o que havia sobrado dos 150 mil dólares repassados por Inês Etienne logo após a ação em Santa Teresa. Inês tinha acabado de ser presa, levada pelo grupo de Fleury para a casa de tortura em Petrópolis mais conhecida como a "Casa da Morte". Torturada por dias seguidos, estuprada duas vezes, Inês dificilmente aguentaria calada. Era preciso esconder os 100 mil dólares. O comando da VPR em São Paulo não tinha esquema para guardá-lo por absoluta falta de estrutura. Raimundo era um dos poucos líderes que ainda não haviam sido presos. João Domingues, o homem das ações armadas, estava morto; Celso Lungaretti, do serviço de inteligência, estava preso, assim como Antônio Roberto Espinosa, responsável pelo meio de campo entre o comando da VPR e o grupo de São Paulo.

Baixinho, com feições nordestinas e olhos azuis, Raimundo era o mais experiente quadro da VPR em São Paulo, perseguido pela repressão desde 1964 devido à liderança no movimento dos marinheiros. Astuto, não encontrara grande dificuldade para sobreviver na clandestinidade. Usando um nome falso, chegou a gerenciar uma empresa de transporte em São Paulo, mas nunca deixou de conspirar contra o governo. Quando a repressão ficou perto de apanhá-lo, organizando um grande cerco a uma rodoviária do interior de São Paulo — segundo informações, o militante chegaria de ônibus vindo da capital —, Raimundo segurou duas crianças no colo, fez cara de "chefe de família" e passou incólume pelo cerco.

Ele teria de improvisar mais uma vez. Com a ajuda de um militante da Ação Libertadora Nacional, responsável pela articulação da ALN com a VPR, Raimundo armou um plano para esconder o dinheiro. Ele conhecia um terreno baldio, próximo a uma estrada do ABC. Quem conta a história é um militante da ALN que prefere não ser identificado:

O Moisés (nome de guerra de José Raimundo) não teria para quem entregar em confiança um monte de dinheiro. Enfiou as notas (de 100 dólares) pela boca de um garrafão de cachaça (muito maior do que os garrafões de cinco litros de vinho) até encher. Fomos até uma estrada no ABC. Num buraco, enterramos o garrafão. Tentei voltar lá muitos anos depois, mas não me lembrava mais do lugar.

Não se sabe se, na época, Anselmo já seguia os passos de Raimundo e conseguiu ter acesso ao garrafão de cachaça com os dólares. Mas o fato é que dias depois Raimundo, delatado por Anselmo, foi apanhado pelo grupo de Fleury, levado para o Rio de Janeiro e executado, após ficar preso e ser torturado nos porões do DOI-Codi. A polícia diz ter encontrado seu corpo num terreno baldio numa rua do bairro de Pilares, na Zona Norte do Rio. O militante da VPR, segundo informações oficiais, havia sido morto "após reagir à prisão numa diligência efetuada por elementos pertencentes ao Serviço de Segurança do Exército". Raimundo foi enterrado como indigente no cemitério de Ricardo de Albuquerque, no Rio. O agente Kimble fazia a sua primeira grande vítima.

Com a morte de Raimundo, a VPR deixava de existir oficialmente no Brasil. Mas a notícia que abalara os militantes não vinha de São Paulo nem do Rio, e sim da Bahia: Carlos Lamarca acabara de ser morto por tropas militares no interior do estado, em 17 de setembro de 1971, quase um mês depois de sua companheira, Iara Iavelberg, executada em Salvador.

Onofre Pinto, porém, não se abalou. O ex-sargento ainda tinha esperanças de comandar um grande levante contra o governo militar, mesmo sabendo que seria impossível unir o que sobrara no exterior da VPR, cada vez mais refratária às suas ideias. Maria do Carmo e Ângelo Pezzuti, agora casados, estavam convencidos da inviabilidade de se continuar a luta armada no Brasil. Era hora de recuar.

Onofre não deu ouvidos ao casal. Não era a primeira vez em que ele, um militarista convicto, era aconselhado a retroceder. A VPR perdera os seus principais quadros, mas ele ainda contava com colaboradores de peso, como Expedito Perera, na Europa, e Cabo Anselmo no Brasil. Ele tinha certeza de que as histórias que inventavam sobre o ex-líder dos marinheiros, de sua suposta ligação com os órgãos de repressão, não passavam de mais uma intriga entre massistas e foquistas. Toda vez que alguém levantava a suspeita sobre a vida dupla de Anselmo, Onofre usava como exemplo Carlos Lamarca, que chegara a ser acusado, por setores da esquerda, de atuar a serviço da CIA. Ele não daria ouvido a intrigas desse tipo.

Em janeiro de 1972 o comando da VPR no exterior recebeu a mais consistente informação de que Anselmo era um agente infiltrado a serviço de Fleury. Inês Etienne, presa na Casa da Morte, reconhecera a voz do Cabo durante um interrogatório. Estava de costas para ele, mas não teve dúvida: aquela era a mesma voz que ela ouvira durante uma reunião do comando da VPR, logo depois da chegada de Anselmo de Cuba. Enquanto o cerco a ele se fechava, Anselmo decidiu ir ao Chile para se defender pessoalmente das acusações. Chegou à reunião praticamente condenado ao "justiçamento". Acusado por todos os lados, encarou Onofre, entregou sua arma e blefou:

— Se não confia em mim, Onofre, pode me matar agora mesmo.

Onofre não só acreditou na inocência de Anselmo como entregou a ele 50 mil dólares do cofre de Adhemar. O marinheiro teria carta branca para organizar um foco guerrilheiro no Recife. Anselmo partiu para a capital pernambucana junto com a namorada, a paraguaia Soledad Barret Viedma, filha de um importante dirigente comunista, e de Carlos Alberto Augusto, também informante. Monitorado pelos agentes de repressão, um aparelho foi montado numa chácara e logo ocupado por Anselmo, Augusto, Soledad e mais cinco militantes: Jarbas Pereira Marques, Evaldo Luiz Ferreira de Souza, José Manoel da Silva e o casal Eudaldo Gomes da Silva e Pauline Reichstul.

A armadilha aos militantes no Recife já estava armada quando Onofre, após receber provas incontestáveis, convenceu-se da traição de Anselmo. Era tarde demais. Em 8 de janeiro de 1973, os militantes, incluindo Soledad, grávida de Anselmo, foram executados pelo bando de Fleury. A ação, que entraria para a história como o "Massacre da Chácara São Bento", freou o ímpeto belicista de Onofre e expôs a sua fragilidade como comandante. Tapeado por Anselmo, ele teria ainda de encarar outra grande traição. Àquela altura, Antônio Expedito Perera já torrava os dólares de Adhemar a serviço de suas mordomias e do terrorismo internacional.

Em dois anos como embaixador da VPR na Europa, Perera conseguira desagradar a todo o comando da organização, não só pelo estilo perdulário, algo inconcebível para qualquer bom comunista, mas principalmente pela capacidade de criar planos mirabolantes. Em Paris, durante um banho de sauna, ele decidiu armar um esquema para matar o ministro da Fazenda, Delfim Netto. Só não levou adiante o plano porque Ângelo Pezzuti e Ladislas Dowbor o convenceram do absurdo da ideia. Com quem ele esperava contar para executar uma ação tão audaciosa se todos os grandes quadros da VPR estavam mortos, presos ou exilados?

Pezzuti e Dowbor só não conseguiram impedir Perera de viajar para o Chile. Ele estava decidido a matar outro figurão da repressão, o delegado Sérgio Paranhos Fleury, que, segundo informações, estava em Santiago para comandar, em parceria com a extrema-direita chilena, uma caça aos refugiados políticos brasileiros. Perera comprou passagens de primeira classe para Santiago, se hospedou no luxuoso Hotel Sheraton e lá ficou por três dias, esperando notícias de Fleury, que não vieram. O "embaixador" da VPR decidiu voltar para Paris, não sem antes entregar um presentinho a um de seus amigos de VPR, Diógenes de Oliveira: uma cuia e uma bomba de chimarrão de prata, com o bocal de ouro.

Logo após o "Massacre da Chácara São Bento", Lúcio Flávio Reguera, feroz adversário de Perera dentro do MR-8, levantou a bola. Se Cabo Anselmo trabalhava para Fleury, tudo indicava que Antônio Expedito Perera era um agente da CIA infiltrado na organização, inclusive com a missão de dar respaldo a Anselmo. A desconfiança em relação a Perera aumentou após a execução dos seis militantes no Recife. O ex-advogado, contrariando as recomendações do comando da VPR, que aconselhava o recuo estratégico da organização, havia trabalhado, ao lado de Onofre, para convencer os militantes da importância de se montar um foco guerrilheiro na capital pernambucana. Era possível perdoar Onofre, famoso pelo comportamento impulsivo e por sua devoção a Anselmo, mas não Perera. Por que ele lutara tanto para atrair os militantes até Pernambuco?

Ainda no calor dos acontecimentos do Recife foi proposto o justiçamento de Perera. Depois de uma longa e tensa reunião em Paris, ele escapou da degola graças à intervenção de Vera Sílvia Magalhães, dirigente do MR-8. Vera argumentou que era preciso conter o radicalismo e que naquele momento o justiçamento de Perera, sem provas contundentes, só iria dividir ainda mais a organização. Por ironia, naquele momento, nenhum outro militante estava tão disposto a radicalizar quanto Perera. O Brasil não fazia mais parte de sua lista de prioridades. O advogado sonhava com uma grande articulação internacional, uma ação integrada que promovesse, ao mesmo tempo, revoluções socialistas em vários países.

Disfarçado de milionário, Perera rodou o mundo. Flertou com grupos ligados a Muammar Kadafi (que acabara de assumir o poder na Líbia, em 1969); conversou com organizações palestinas; participou de reuniões com a cúpula do Exército Vermelho Japonês. Trocou diversas vezes de nome, "morreu" duas vezes, renasceu com outra identidade até se envolver intimamente com o terrorista venezuelano Ilich Ramírez Sánchez, mais conhecido como Carlos, o Chacal, e sumir para sempre.

Livre para gastar a caixinha de Adhemar, Perera havia, em menos de três anos, reduzido significativamente o saldo da conta da Suíça. Desmoralizado, traído por seus dois homens de confiança, Onofre Pinto nem ousou reclamar quando Ângelo Pezzuti decidiu salvar o que restara na conta, enviando 240 mil dólares para Santiago. A decisão era irrevogável: o dinheiro seria dividido em partes iguais numa reunião de emergência com a presença dos principais líderes da organização. Porém, mais uma vez, o butim não seria repartido de forma justa, como ordenara Pezzuti. Ele não sabia, mas um espertalhão francês estava pronto para entrar em ação.

CAPÍTULO 10

Onofre Pinto, o chefão da VPR, escapou por pouco de ser justiçado. Responsabilizado pela morte de seis militantes, o ex-sargento foi convocado para explicar o inexplicável: por que confiara tanto no Cabo Anselmo? A reunião, que selou a extinção da VPR, foi uma espécie de versão reduzida do Congresso de Teresópolis, que quatro anos antes havia levado ao desmantelamento da VAR-Palmares.

No aparelho de Jaime Walwitz Cardoso, na avenida Los Zapadores, região metropolitana de Santiago, militantes trocaram acusações e juras de morte — acuados, os militaristas liderados por Onofre foram acusados pelo grupo de Ângelo Pezzuti de ingênuos e despreparados. Alguns militantes mais exaltados chegaram a exigir o justiçamento do comandante da VPR.

Um grupo que havia voltado de treinamento militar na Coreia do Norte, do qual fazia parte o anfitrião da noite, Jaime Cardoso, não quis saber de muita conversa. Por meio de um documento propôs o fim da VPR, pela "absoluta falta de preparo de seus comandantes e pela incapacidade da organização de levar adiante o processo revolucionário". Foram poucos os que discordaram do documento e a proposta pelo fim da VPR acabou votada pela grande maioria.

O debate esquentou quando outro assunto ganhou a pauta: o destino dos 240 mil dólares que haviam sobrado da conta na Suíça. Com o fim da VPR, o dinheiro passaria a servir a quem? Onofre assumia a culpa pelo massacre em Pernambuco, mas não aceitava ficar de fora da partilha. Ele, ao contrário de outros militantes, estava disposto a continuar na luta e, portanto, precisava de uma parte dos dólares.

Quando tudo indicava que o dinheiro seria disputado a bala, Ângelo Pezzuti pediu a palavra. Aceitou deixar 40 mil dólares com Onofre, desde que ele, Pezutti, tivesse poder total sobre os 200 mil restantes, que seriam usados exclusivamente para ajudar exilados em dificuldades financeiras. Ele tinha um esquema para guardar o dinheiro em Paris. E não era, evidentemente, com Expedito Perera, e sim com um executivo francês chamado Bernard D'Alemand. O francês trabalhava na editora François Maspero, que levava o nome de um intelectual de esquerda identificado com movimentos revolucionários. Maspero fizera da sua editora um ponto de encontro de autores independentes, rompidos com o marxismo ortodoxo. D'Alemand explicou a Pezzuti que François Maspero guardara dinheiro para militantes do Movimento Popular de Libertação de Angola (MPLA) e não teria dificuldades de conseguir um esquema para esconder os 200 mil dólares.

E assim foi feito: Pezzuti viajou para a França com a maior parte do butim e Onofre voltou à luta, levando consigo meia dúzia de militantes e um punhado de dólares.

Dois anos depois de ser libertado das garras do capitão Paulo Malhães, Gustavo Schiller continuava sentindo choques elétricos nos ouvidos. O nariz, quebrado durante a tortura, estava cada vez mais torto. Magro, alimentando-se uma vez por dia, sem forças para enfrentar o terrível inverno chileno, Gustavo recusara todo tipo de ajuda da família. Sua mãe insistira para que ele voltasse ao Brasil — ela tinha bons contatos no governo e tentaria diminuir sua pena ou até mesmo libertá-lo. Não havia razões, argumentava Yedda, para ele continuar aquela loucura. A maioria de seus companheiros havia sido presa ou morta pela repressão. O presidente do Chile, Salvador Allende, acabara de ser deposto pelas tropas de Pinochet e ela ouvira dizer que os milhões de dólares do cofre do Adhemar nem estavam mais à disposição da luta armada.

Gustavo ficara furioso com as notícias vindas da Argélia, principalmente com o comportamento de Expedito Perera, que promovera um grande desfalque na conta da Suíça e sumira, envolvido, diziam, com o terrorismo internacional. Ele também não conseguia entender por que os dólares de Adhemar estavam à disposição de um grupo limitado de militantes, enquanto a maioria de seus companheiros passava dificuldades no exílio. Gustavo decidira pela primeira vez reivindicar parte dos dólares da conta da Suíça. Correndo o risco de ser preso no interior do Chile, para onde se mudara logo após a queda de Allende, ele conseguira o contato da militante Yara Gouveia, responsável por administrar o que restara do espólio da VPR em Argel e que mantinha fortes laços com Ladislas Dowbor, um dos quatro comandantes da organização com acesso à conta da Suíça. Yara conta:

> *A VPR já estava praticamente desmantelada quando, em 1973, Gustavo me ligou pedindo que eu lhe entregasse o espólio da organização que estava em meu poder em Argel, ou seja, um carro velho, os passaportes e o resto da documentação. Mas minha decisão de não entregar os passaportes e outros documentos para nenhum companheiro provinha do receio do envolvimento de Antônio Expedito Perera com Carlos, o Chacal. O Gustavo estava nervoso, desesperado e me ameaçou de justiçamento. Exigia os documentos e os passaportes. Eu respondi que, então, viesse até Argel para tentar recuperar não o espólio, que não o ajudaria tanto, e sim os dólares de Adhemar.*

Gustavo viajou a Paris. Conseguiu um encontro com Ângelo Pezzuti, que já tinha tomado a decisão de limpar a conta na Suíça e repartir os dólares entre os refugiados no Chile. Gustavo convenceu Pezzuti a entregar-lhe ali mesmo uma parte do que sobrara dos dólares. Ele partiria de Paris diretamente para a Argentina, onde Roberto de Fortini pretendia montar, na cidade de Oberá, na província de Misiones, uma infraestrutura para acolher os exilados que retornariam à luta armada no Brasil. Colocada em um avião por Gustavo logo após o golpe militar no Chile, sua namorada na época conta que Schiller era "perseguido" por militantes por causa do seu eterno elo com os dólares de Adhemar: "Fortini e outros militantes se aproximaram de Gustavo pensando que através dele chegariam ao dinheiro do cofre."

Antes de deixar o Chile, Gustavo passou por uma cirurgia plástica, para corrigir o nariz quebrado durante a tortura e mudar um pouco o rosto. Fortini garantira a ele que ambos conseguiriam montar uma boa estrutura militar na fronteira entre Brasil e Argentina, que permitiria recrutar e treinar um grupo de guerrilheiros dispostos a enfrentar a ditadura. Quando decidiu visitá-lo em março de 1974, sua namorada praticamente não reconheceu Gustavo. Ele usava chapéu de palha, tinha as mãos calejadas e o rosto coberto pela poeira vermelha da região. Um camponês. O terreno comprado com os dólares de Adhemar, que Gustavo sonhara transformar num campo guerrilheiro, havia se transformado numa casa de campo, que serve de residência, até hoje, para Fortini e sua companheira.

Na Europa, em meio à luta para trazer militantes perseguidos na América Latina, Pezzuti procurou Bernard D'Alemand em Paris. Era a hora de usar os dólares para comprar passagens, regularizar documentos, providenciar passaportes. Depois de várias tentativas de localizar o executivo francês, Pezzuti decidiu ir pessoalmente à editora François Maspero. D'Alemand não trabalhava mais lá. Havia sumido, sem deixar pistas. Maspero negou qualquer vínculo com D'Alemand e dispensou Pezzuti sem muita conversa. Pezzuti prometeu voltar, interrogar Maspero com mais calma, depois de liderar uma caça a D'Alemand pela Europa. Não teve tempo: morreu meses depois em um acidente de motocicleta em Paris, em setembro de 1975.

Procurado em Paris, em maio de 2011, François Maspero, hoje afastado dos negócios, negou-se a dar entrevista. Por meio de um amigo, Paul Alliès, diretor da Faculdade de Direito de Montpellier, mandou dizer que "não tinha a menor vontade de falar sobre o assunto".

Onofre Pinto soube da história do picareta francês e suspirou aliviado por ter reivindicado uma parte dos dólares. Ele decidira, depois do massacre no Recife, lutar até o fim. Era uma questão de honra. Onofre sabia, porém, que não teria como ir muito longe. O ex-sargento dispunha, àquela altura, de pouco dinheiro e de cinco fiéis seguidores. Seu grupo partira, após o golpe no Chile, para o interior da Argentina, esperando o melhor momento para agir.

No início de julho de 1974, Onofre recebeu um chamado de um velho amigo dos tempos de quartel, ex-sargento do Exército, também engajado na luta armada: partir imediatamente para a fronteira da Argentina com o Brasil, onde seria montada, em uma pequena cidade do Paraná, uma base para ações revolucionárias. O ingênuo e impulsivo Onofre era enganado mais uma vez. O ex-sargento era Alberi Vieira dos Santos, o "cachorro" de Paulo Malhães, o mesmo oficial (agora promovido a coronel) que quebrara o nariz de Gustavo Schiller. A Operação Juriti, montada para executar mais um grande inimigo do regime militar, estava em marcha.

Ao entrar no Paraná, em 11 de julho de 1974, o grupo de Onofre Pinto fixou-se em um sítio em Santo Antônio do Sudoeste. Dois dias depois, os guerrilheiros, monitorados pela repressão, saíram para executar a primeira ação revolucionária, uma expropriação na agência do Banco do Estado do Paraná na cidade vizinha de Medianeira. Onofre foi convencido por Alberi a ficar no sítio — não deveria correr riscos naquele momento. No caminho para Medianeira, José Lavéchia, Daniel Carvalho, Victor Ramos, Joel Carvalho e Enrique Ernesto Ruggia foram executados pela tropa de Malhães e enterrados no Parque Nacional do Iguaçu.

Onofre foi morto horas depois, com um tiro na cabeça. Seu corpo jamais foi encontrado, assim como os dos cinco militantes. Há quem acredite que o ex-sargento, após negociar com Malhães, passou a trabalhar ao lado de Cabo Anselmo e hoje vive em Osasco, na Grande São Paulo, onde já foi "visto" algumas vezes.

A rotina de camponês não fizera bem a Gustavo Schiller. A sensação de choques nos ouvidos tinha aumentado. Ele andava ainda mais angustiado, deprimido pela vida que levava em Oberá, sem qualquer perspectiva de voltar à luta armada. Fortini nem de longe lembrava o militante enérgico, filho de comunistas italianos, que prometia lutar até a morte em nome da revolução. Havia se transformado num pacato agricultor, querido pela comunidade, quase apolítico. As notícias vindas do exterior também eram desanimadoras. Onofre Pinto sumira no Paraná; Expedito Perera desaparecera de vez com os dólares. Ângelo Pezzuti estava morto. O presidente Ernesto Geisel, empossado em março de 1974, era elogiado por setores da esquerda.

Gustavo deixou a Argentina rumo à França no segundo semestre de 1974, disposto a estudar economia e sociologia. Não abandonou a militância. Nos primeiros anos em Paris, voltou à Argentina várias vezes, para tentar convencer, em vão, Fortini a levar adiante "o sonho revolucionário". Envolveu-se com a francesa Nicolette van der Linden, uma mulher de temperamento complicado, que, segundo amigos próximos, só fez piorar o seu estado emocional. Gustavo retornou ao Brasil quatro anos após a anistia, em 1983, casado com a brasileira Lucia Rocha. Os dois foram morar na ilha de Marajó, no Pará, onde Gustavo, após receber uma herança da família, pretendia ter, enfim, tempo e tranquilidade para escrever sua tese de mestrado.

Na ilha de Marajó Gustavo intercalou períodos de paz absoluta com momentos de grande depressão. Tentou se matar várias vezes, se jogando, bêbado, no mar. Andava mais cético do que nunca. Não acreditava no movimento das Diretas-Já e quando voltou a morar no Rio, em maio de 1985, um mês após a morte de Tancredo Neves e a posse de José Sarney como presidente, repetia sempre a mesma frase para amigos, apontando a foto do político maranhense: "Foi para isso que eu lutei?"

Depois que a filha Joana nasceu, Gustavo pediu emprego a ex-militantes, companheiros de luta, que ocupavam cargos públicos no Rio de Janeiro. Não foi recebido por nenhum. De vez em quando sumia. Dizia a Lucia que ia procurar "o dinheiro do cofre". Voltava alguns dias depois, de mãos vazias, prometendo se vingar dos "sacanas".

Na noite de 22 de setembro de 1985, Gustavo e Lucia chegaram ao apartamento da amiga Regina Helena Xexéu, na avenida Nossa Senhora de Copacabana. Deixaram a filha Joana, de um ano e meio, com a mãe de Regina, e saíram para jantar. Às quatro da manhã, Gustavo, bêbado, teve a primeira crise, ameaçando se jogar na lagoa Rodrigo de Freitas. Foi contido pelos amigos que o convenceram a voltar para o apartamento em Copacabana. No elevador, a caminho do sétimo andar, Gustavo improvisou um discurso de despedida para Lucia, dizendo que a amava e que não se esquecesse de guardar sua tese de mestrado. Como estava de porre, ninguém o levou muito a sério.

Já no apartamento, Gustavo pediu para ir ao quarto onde Joana dormia. Deu um beijo no rosto da filha, encostou-se na parede oposta à janela e correu. Atravessou a barreira de vidro e caiu já morto na calçada. Havia, sim, um sinal de maldição naquele cofre.

O DESTINO DOS PERSONAGENS

Nem todos os envolvidos diretamente ou indiretamente no assalto à mansão de Santa Teresa foram acometidos pela maldição do cofre de Adhemar. Alguns, como Sônia Lafoz, jamais foram presos. Outros — caso de Gustavo Schiller — carregaram até o fim da vida o estigma do envolvimento com a Grande Ação. Veja a seguir, em ordem alfabética, o destino de cada personagem.

ADHEMAR DE BARROS
Cassado em junho de 1965, partiu no ano seguinte para o exílio em Paris, na França. Afastado da vida pública, deprimido, morreu de enfarte em março de 1969, aos 68 anos.

ANA BENCHIMOL CAPRIGLIONE
Três anos após o assalto ao cofre de Santa Teresa, passou a morar numa cobertura duplex no bairro do Flamengo, onde continuou organizando festas para o *hight society*. No fim da vida passou a sofrer de mal de Alzheimer. Morreu em outubro de 2005, na véspera de completar 94 anos.

ÂNGELO PEZZUTI DA SILVA
Preso em 1969, trocado pelo embaixador alemão em 1970, exilou-se no Chile no ano seguinte, onde se casou com Maria do Carmo Brito. Foi preso e torturado em Santiago, em 1972, por envolvimento com grupos revolucionários chilenos. Após uma curta passagem pelo Panamá, exilou-se na França, formando-se em medicina. Morreu em um acidente de motocicleta em 1975, em Paris.

ANTÔNIO EXPEDITO PERERA
Preso em 1969, libertado em troca do embaixador suíço, em janeiro de 1971, tornou-se, em Paris, nomeado por Onofre Pinto, "embaixador da VPR na Europa". Envolveu-se com grupos terroristas, aproximando-se do venezuelano Ilich Ramírez Sánchez, mais conhecido como Chacal. Assumiu diversas identidades, foi dado como morto duas vezes, até morrer "oficialmente" na Itália, em 1996, vítima de câncer.

CARLOS ARAÚJO, O MAX
Preso em agosto de 1970, torturado em diversas prisões, só foi libertado em 1974. Retomou a advocacia e passou 25 anos casado com a companheira de militância Dilma Rousseff, de quem se separou em 1994. Eleito três vezes deputado estadual entre os anos 1980 e 1990, pelo PDT, e derrotado por Olívio Dutra na campanha para prefeito em 1988, continua advogando em Porto Alegre, onde mora.

CARLOS LAMARCA, O CÉSAR
Cassado durante mais de dois anos pelos militares, acabou morto no interior da Bahia, em setembro de 1971. Tinha 33

anos. Em 2007, a Comissão de Anistia do Ministério da Justiça concedeu indenização de 100 mil reais a sua viúva, além de uma pensão mensal equivalente ao salário de general de brigada. Em 2010, acatando ação do Clube Militar, a Justiça do Rio de Janeiro suspendeu o pagamento da indenização e da aposentadoria.

CARLOS MINC, O ORLANDO

Trocado pelo embaixador alemão, em 1970, cursou mestrado em Planejamento Urbano e Regional na Universidade Técnica de Lisboa. Voltou ao Brasil em 1979, beneficiado pela Lei da Anistia. Membro-fundador do Partido Verde (PV), foi eleito deputado estadual em 1986. Após divergências, deixou o PV para filiar-se ao PT, elegendo-se deputado estadual em 1990, 1994, 1998, 2002 e 2006. Em 2008 assumiu o Ministério do Meio Ambiente no governo Lula. Atualmente, é secretário estadual do Meio Ambiente do Rio de Janeiro.

DARCY RODRIGUES, O LÉO

Trocado pelo embaixador alemão, em 1970, morou em Cuba, onde cursou economia. De volta ao Brasil, formou-se em direito. Em 2010 candidatou-se a deputado federal pelo PDT, mas não se elegeu. Advogado, mora em Bauru, no interior de São Paulo.

DILMA ROUSSEFF, A WANDA

Presa em janeiro de 1970, torturada nos porões da Operação Bandeirante (Oban), foi libertada três anos depois, em janeiro de 1973. Mudou-se para Porto Alegre, onde ingressou na

Faculdade de Ciências Econômicas da Universidade Federal do Rio Grande do Sul. Em 1975, passou a trabalhar na Fundação de Economia e Estatística (FEE). Entre 1985 e 1988, exerceu o cargo de secretária municipal da Fazenda de Porto Alegre no governo Alceu Collares. Em 2002, já filiada ao PT, foi escolhida para ocupar o Ministério de Minas e Energia do governo Lula, onde permaneceu até 2005. Nomeada ministra-chefe da Casa Civil, em substituição a José Dirceu, se manteve no cargo no segundo mandato de Lula. Foi chamada pelo presidente de "A Mãe do PAC (Programa de Aceleração do Crescimento)". Em fevereiro de 2010 foi nomeada oficialmente pré-candidata a presidente. Venceu a disputa com o candidato do PSDB, José Serra, e se tornou a primeira mulher a assumir a presidência da República.

FERNANDO BORGES DE PAULA FERREIRA, O FERNANDO RUIVO (OU FELIPE)
Foi morto a tiros pela polícia 12 dias depois da Grande Ação.

GUSTAVO SCHILLER, O BICHO
Após ser preso e torturado pela equipe do delegado Pedro Seelig, em março de 1970, em Porto Alegre, conseguiu deixar o país em 1971, trocado pelo embaixador suíço. Tentou, sem sucesso, organizar focos de guerrilha no Chile e na Argentina. Mudou-se para Paris em 1974, retornando ao Brasil apenas em 1983. Depois de uma temporada na Ilha de Marajó, no Pará, voltou ao Rio em 1985. Jamais se recuperou dos anos de tortura em Porto Alegre. Suicidou-se no dia 22 de setembro de 1985, jogando-se da janela do quarto onde dormia sua filha, de 1 ano.

INÊS ETIENNE ROMEU, A ALDA

Única sobrevivente da Casa da Morte, o centro de tortura do regime militar em Petrópolis (RJ), condenada a prisão perpétua em 1972, permaneceu na penitenciária de Bangu até 1979, quando foi libertada beneficiada pela Lei da Anistia. Com o apoio de entidades como a OAB e a ABI e das famílias de desaparecidos, passou a denunciar seus torturadores. No dia 10 de setembro de 2003, foi encontrada no chão de sua casa na rua Maria Antônia, em São Paulo, com um grande ferimento na cabeça. Com sinais de traumatismo craniano por golpes múltiplos diversos, não se recorda do que aconteceu e hoje, com limitações neurológicas, mora em Niterói, no Rio de Janeiro.

JESUS PAREDES SOTO, O MÁRIO

Preso em abril 1974, em São Bernardo do Campo, e anistiado em 1979, mora no Rio de Janeiro. Trabalha no ramo farmacêutico.

JOÃO DOMINGUES DA SILVA, O ELIAS

Preso na perseguição policial que resultou na morte de Fernando Ruivo, acabou morto após ser torturado por 33 dias seguidos.

JOÃO MARQUES DE AGUIAR, O JEREMIAS

Jamais foi preso. Em fevereiro de 1970 conseguiu fugir, por terra, para o Chile. Após a queda de Salvador Allende, deixou Santiago e partiu para Cuba, onde viveu a maior parte do exílio. É professor universitário em Belo Horizonte.

JOSÉ ANSELMO DOS SANTOS, O CABO ANSELMO

Depois que ficou clara a sua participação como agente da repressão passou anos desaparecido até ser entrevistado pelo jornalista da *Isto É* Octavio Ribeiro, o "Pena Branca", em março de 1984. Mora atualmente em São Paulo e reivindica aposentadoria condizente com o posto que ocuparia hoje na Marinha.

JOSÉ ARAÚJO NÓBREGA, O ALBERTO
Preso em abril de 1970, no Vale da Ribeira, deixou o Brasil após ser trocado pelo embaixador alemão. Depois de uma temporada na Argélia, exilou-se na Suécia. Mora atualmente em Jacupiranga (SP), onde trabalha como produtor rural. Conseguiu na Justiça sua aposentadoria como oficial do Exército.

JUAREZ GUIMARÃES DE BRITO, O JUVENAL
Cercado pela polícia no dia 18 de abril de 1970, atirou na própria cabeça.

MARIA DO CARMO BRITO, A LIA
Cercada no dia 18 de abril de 1970, ao lado do marido, Juarez Guimarães de Brito, entregou-se à polícia logo após o suicídio de seu companheiro. Partiu para o exílio na Argélia após ser trocada pelo embaixador alemão. Casou-se, no Chile, com Ângelo Pezzuti, dirigente da VPR. Entre 1973 e 1983, morou na Argentina, na Espanha e no México. Casada atualmente com o ex-militante Chizuo Osava, o Mario Japa, mora no bairro de Laranjeiras, no Rio.

ONOFRE PINTO, O AUGUSTO
Preso em São Paulo, em março de 1969, foi libertado em troca do embaixador americano no Brasil em setembro de 1969. Reassumiu o comando da nova VPR após o racha da VAR-Palmares. Decidiu continuar na luta após a extinção da VPR,

em 1973. Ao entrar no Paraná com seu grupo de militantes em julho de 1974, acabou executado pelos militares após ser traído por um informante. Há quem jure que ele continua vivo, morando em Osasco, na Grande São Paulo.

REINALDO JOSÉ DE MELO, O MAURÍCIO
Preso em outubro de 1969, deixou o Brasil rumo ao Chile após o sequestro do embaixador suíço, em janeiro de 1971. Morou na França, no Chile e na Alemanha. Passou 15 anos em Moçambique, onde trabalhou na área educacional e de comércio exterior. Voltou ao Brasil em 1992. Mora em Brasília e exerce a função de diretor-geral interino de uma empresa binacional.

SÔNIA LAFOZ, A MARIANA
Nunca foi presa. Em abril de 1971, grávida de oito meses, conseguiu fugir para o Chile. Exilou-se na França, onde chegou a ser vereadora pela pequena cidade de Villetaneuse. Mora em Curitiba, onde trabalha em projetos de saúde pública.

WELLINGTON MOREIRA DINIZ, O JUSTINO
Preso em abril de 1970, passou boa parte do exílio na Itália. Chegou a participar da guerra pela independência de Angola. Mora em Belo Horizonte, onde trabalha com acupuntura e terapias orientais.

CRONOLOGIA

1961

FEVEREIRO — Fundada a Organização Revolucionária Marxista Política Operária (ORM-Polop).

25 DE AGOSTO — Jânio renuncia ao cargo de presidente da República. João Goulart assume.

7 DE SETEMBRO — João Goulart toma posse na presidência. Tancredo Neves é o primeiro-ministro.

1962

18 DE FEVEREIRO — O PCB (Partido Comunista do Brasil) é reorganizado sob a sigla PCdoB. A dissidência continua sob o título de PCB, porém como Partido Comunista Brasileiro.

21 DE ABRIL	Identificado com o foquismo cubano, nasce, em Ouro Preto, o Movimento Revolucionário Tiradentes (MRT).
1º DE JULHO	A UNE (União Nacional dos Estudantes) organiza uma grande greve, paralisando 40 universidades durante três meses.

1963

31 DE JANEIRO	Adhemar de Barros toma posse como governador de São Paulo.
3 DE SETEMBRO	João Goulart nomeia o marechal Castello Branco chefe do Estado-Maior do Exército.

1964

19 DE MARÇO	Marcha da Família com Deus pela Liberdade reúne 500 mil pessoas no centro de São Paulo.
24 DE MARÇO	O Cabo Anselmo comanda, no Rio, a Revolta dos Fuzileiros Navais.
31 DE MARÇO	João Goulart é deposto por golpe militar.
9 DE ABRIL	Editado o Ato Institucional nº1 (AI-1), que permite a cassação de mandatos e a suspensão de direitos políticos.
15 DE ABRIL	O marechal Castello Branco assume a presidência.

13 DE JUNHO	É criado o SNI (Serviço Nacional de Informação).

1965

27 DE OUTUBRO	Decretado o Ato Institucional nº 2 (AI-2), que, entre outras imposições, extingue os partidos políticos e permite eleições indiretas para presidente.

1966

5 DE FEVEREIRO	Decretado o Ato Institucional nº 3 (AI-3), que institui eleições indiretas para governador e a nomeação de prefeitos.
5 DE JUNHO	Adhemar de Barros, governador de São Paulo, é cassado.
8 DE OUTUBRO	Carlos Lacerda, Juscelino Kubistchek e João Goulart lançam a Frente Ampla, movimento de oposição à ditadura.
7 DE DEZEMBRO	Decretado o Ato Institucional nº 4 (AI-4), que obriga o Congresso a votar o Projeto de Constituição.

1967

JANEIRO	Criado o Comando de Libertação Nacional (Colina).
25 DE JANEIRO	Criado o Conselho de Segurança Nacional (CSN).

15 DE MARÇO	O marechal Costa e Silva toma posse como presidente da República.
17 DE MARÇO	O general Emílio Garrastazu Médici assume o SNI.

1968

28 DE MARÇO	O estudante Édson Luís Lima Souto morre em conflito de estudantes com a PM, no Rio.
MAIO	Criada a Vanguarda Popular Revolucionária (VPR).
22 DE JUNHO	A VPR rouba 11 fuzis do Hospital Militar do Cambuci, em São Paulo.
26 DE JUNHO	É realizada, no Rio, a "Passeata dos 100 mil", manifestação contra o regime militar organizada por estudantes, artistas, intelectuais e trabalhadores. Em São Paulo, a VPR lança carro-bomba contra o QG do 2º Exército. A ação acaba com a morte do soldado Mário Kozel Filho, de 18 anos.
2 DE OUTUBRO	Confronto entre estudantes da USP e alunos do Mackenzie na rua Maria Antônia, em São Paulo, acaba com a morte do estudante secundarista José Carlos Guimarães.
12 DE OUTUBRO	Cerca de 700 estudantes são presos no Congresso clandestino da UNE em

	Ibiúna, São Paulo. Em ação, a VPR executa com seis tiros no peito o capitão do Exército americano Charles Chandler.
13 DE DEZEMBRO	O governo militar fecha o Congresso e decreta o Ato Institucional nº 5 (AI-5), que permite ao presidente cassar mandatos, intervir nos estados e municípios, suspender direitos políticos e exacerbar a censura à imprensa.

1969

26 DE JANEIRO	O capitão Carlos Lamarca, acompanhado de mais três militares, deserta do Exército, levando 63 fuzis do quartel de Quitaúna, em Osasco (SP).
2 DE MARÇO	Onofre Pinto é preso em São Paulo.
12 DE MARÇO	Morre, em Paris, o ex-governador Adhemar de Barros.
1º DE JULHO	É criada oficialmente a Oban (Operação Bandeirantes). No mesmo dia é formalizada a criação da Vanguarda Armada Revolucionária, a VAR-Palmares, constituída por quadros da VPR e do Colina.
2 DE JULHO	Dirigentes da VAR-Palmares são informados pelo estudante secundarista Gustavo Schiller, sobrinho de Ana Capriglione, amante de Adhemar de Bar-

	ros, da existência de um cofre em sua casa em Santa Teresa.
11 DE JULHO	Guerrilheiros da VAR-Palmares assaltam uma agência bancária no Rio e durante conflito com a polícia matam um motorista de táxi.
18 DE JULHO	Onze integrantes da VAR-Palmares invadem a mansão de Santa Teresa e roubam 2,6 milhões de dólares.
19 DE JULHO	A VAR-Palmares entrega 1 milhão de dólares do assalto de Santa Teresa para o embaixador da Argélia no Brasil, Hafid Keramane. O dinheiro é depositado em uma conta na Suíça.
29 DE JULHO	O carro de Fernando Ruivo e João Domingues, dois dos 11 integrantes do assalto de Santa Teresa, é interceptado pela polícia na avenida Pacaembu, em São Paulo. Ruivo é executado na hora e Domingues morre após 33 dias de tortura.
AGOSTO	Dirigentes da VAR-Palmares se reúnem em Teresópolis (RJ) para o primeiro congresso da organização.
31 DE AGOSTO	É editado o AI-12, que anuncia o impedimento temporário do presidente Costa e Silva, vítima de uma trombose cerebral.
1º DE SETEMBRO	Brasil passa a ser governado por uma Junta Militar.

4 DE SETEMBRO	Guerrilheiros da ALN e do MR-8 sequestram, no Rio, o embaixador dos Estados Unidos no Brasil, Charles Elbrick.
SEGUNDA QUINZENA DE SETEMBRO	Após trocas de acusações e ameaças de morte, o congresso da VAR-Palmares termina com o racha da organização. A VPR é ressuscitada por foquistas. Massistas ficam na VAR-Palmares, agora abreviada para VAR.
25 DE OUTUBRO	O general Emílio Garrastazu Médici é eleito presidente da República pelo Congresso.
30 DE OUTUBRO	Médici assume a Presidência. Entra em vigor a nova Constituição.
4 DE NOVEMBRO	Carlos Marighella é morto pelos homens do delegado Sérgio Fleury, no bairro dos Jardins, em São Paulo.
21 DE NOVEMBRO	Antônio Roberto Espinosa, dirigente da VPR, é preso no Rio.
17 DE DEZEMBRO	Morre o general Costa e Silva.

1970

16 DE JANEIRO	Dilma Rousseff é presa em São Paulo.
4 DE FEVEREIRO	Revista "Veja" publica matéria de capa sobre o assalto ao cofre de Adhemar de Barros.

26 de março	Gustavo Schiller é preso em Porto Alegre.
Abril	Gustavo Schiller é torturado pela equipe do delegado Pedro Seelig.
18 de abril	Juarez Guimarães de Brito, dirigente da VPR, atira na própria cabeça durante cerco policial. Maria do Carmo, sua mulher, não cumpre o "pacto" e se entrega aos militares.
11 de junho	O embaixador alemão no Brasil, Ehrenfried von Holleben, é sequestrado no Rio por integrantes da VPR e da ALN.
15 de junho	Trocados pelo embaixador alemão, 40 presos políticos desembarcam em Argel, capital da Argélia.
23 de outubro	Joaquim Câmara Ferreira, o Toledo, dirigente da ALN (Ação Libertadora Nacional) é torturado e morto pelo grupo do delegado Fleury, em São Paulo.
Dezembro	Em almoço na casa de Miguel Arraes, em Argel, Hafid Keramane entrega a senha da conta na Suíça para o núcleo duro da VPR, formado por Onofre Pinto, Ângelo Pezzuti, Ladislas Dowbor e Antônio Expedito Perera.
7 de dezembro	O embaixador da Suíça no Brasil, Giovanni Enrico Bucher, é sequestrado por integrantes da VPR.

1971

13 DE JANEIRO	Depois de intensa negociação, 70 presos, entre eles Gustavo Schiller, embarcam para Santiago, no Chile, em troca da liberdade do embaixador suíço.
16 DE JANEIRO	Enrico Bucher é libertado.
5 DE MAIO	Inês Etienne, dirigente da VPR, é presa em São Paulo e levada para a "Casa da Morte", em Petrópolis (RJ).
30 DE MAIO	O Cabo Anselmo, militante da VPR, é preso e passa a trabalhar como informante do delegado Sérgio Fleury.
17 DE SETEMBRO	Carlos Lamarca é morto na Bahia.

1972

JANEIRO	Inês Etienne reconhece a voz do Cabo Anselmo durante depoimento na Casa da Morte, em Petrópolis (RJ).
MARÇO	Os militares começam a investigar a guerrilha do Araguaia, montada pelo PCdoB na região de Xambioá (PA).
12 DE ABRIL	Cerca de 3 mil homens do Exército chegam ao Araguaia e dão início à primeira campanha contra a guerrilha.
DEZEMBRO	Gustavo Schiller faz operação plástica no nariz em Santiago, no Chile.

1973

8 DE JANEIRO — No episódio conhecido como "Massacre da Chácara São Bento", os militantes da VPR Eudaldo Gomes da Silva, Pauline Reichstul, Evaldo Luís Ferreira de Souza, Jarbas Pereira Marques, José Manoel da Silva e Soledad Barret Viedma são torturados e mortos no município de Paulista (PE), após informações do "cachorro" Cabo Anselmo.

MARÇO — Gustavo Schiller encontra-se com Ângelo Pezzuti em Paris. Parte de lá direto para a província de Misiones, na Argentina, disposto a montar uma infraestrutura para acolher militantes exilados.

JULHO — Em reunião na casa do militante Jaime Cardoso em Santiago, no Chile, é decretado o fim da VPR. É feita a divisão do que sobrara do cofre do Adhemar. Ângelo Pezzuti entrega 200 mil dólares a um funcionário da editora francesa de François Maspero. Onofre Pinto fica com 40 mil.

1974

15 DE JANEIRO — O general Ernesto Geisel é eleito presidente pelo colégio eleitoral.

13 DE JULHO	Dois dias depois de entrar no Paraná com seu grupo de militantes, levado por um informante da repressão, Onofre e seus homens são executados por militares nas mediações de Santo Antônio do Sudoeste.
15 DE NOVEMBRO	Nas eleições para o Congresso Nacional, o MDB elege 16 de 22 senadores e conquista 44% das cadeiras da Câmara dos Deputados.

1975

25 DE OUTUBRO	O jornalista Vladimir Herzog é assassinado sob tortura nas dependências do DOI-Codi. O boletim da polícia apresenta a versão de que Herzog se enforcou.

1976

14 DE ABRIL	A estilista Zuzu Angel, que ficou conhecida por denunciar a tortura, morte e ocultação do cadáver de seu filho, Stuart Angel, é morta por agentes da repressão.
22 DE AGOSTO	O ex-presidente da República Juscelino Kubitschek morre em acidente de carro.
6 DE DEZEMBRO	Morre o ex-presidente da República João Goulart.

1977

12 DE OUTUBRO   O ministro do Exército, Sílvio Frota, representante da linha-dura e aspirante a candidato à Presidência, é exonerado por Geisel.

31 DE DEZEMBRO   Geisel comunica formalmente que o general João Baptista Figueiredo, chefe do SNI, será indicado como seu sucessor.

1978

13 DE OUTUBRO   É promulgada emenda constitucional que extingue o AI-5 a partir de 1º de janeiro de 1979.

15 DE OUTUBRO   O general João Baptista Figueiredo é eleito presidente da República pelo colégio eleitoral.

15 DE NOVEMBRO   Realizam-se eleições para o Congresso. A Arena elege mais representantes, mas o MDB vence na soma total de votos para o Senado e permanece majoritário nos principais estados do país.

1979

15 DE MARÇO   O presidente Figueiredo toma posse.

28 DE AGOSTO	O presidente Figueiredo sanciona a Lei de Anistia.

1980

10 DE FEVEREIRO	É aprovado o manifesto de criação do PT (Partido dos Trabalhadores).
19 DE ABRIL	Luiz Inácio da Silva, o Lula, presidente do Sindicato dos Metalúrgicos de São Bernardo e Diadema, é preso pelo Dops.
20 DE MAIO	Lula é libertado.
25 DE JUNHO	Lula é eleito presidente do PT.
13 DE NOVEMBRO	É aprovada no Congresso Nacional a emenda constitucional que estabelece eleições diretas para os governadores de estado e que acaba com a nomeação de senadores biônicos.

1981

30 DE ABRIL	Duas bombas explodem em um carro no Riocentro, durante show do Dia do Trabalho, matando o sargento Guilherme do Rosário e ferindo o capitão Wilson Machado.

1982

11 DE JANEIRO	O Congresso aprova projeto de reforma eleitoral.

15 DE NOVEMBRO	São realizadas eleições diretas para governadores, senadores, prefeitos e deputados federais e estaduais.

1983

2 DE MARÇO	O deputado Dante de Oliveira (PMDB) apresenta no Congresso Nacional emenda que estabelece as eleições diretas para Presidência da República.

1984

25 DE JANEIRO	Cerca de 300 mil pessoas realizam um comício pelas Diretas-Já na praça da Sé, em São Paulo.
10 DE ABRIL	Comício reúne quase 1 milhão pelas Diretas-Já, na Candelária, Rio de Janeiro.
16 DE ABRIL	Mais de 1 milhão de pessoas ocupam o vale do Anhangabaú, em São Paulo, pelas Diretas-Já.
25 DE ABRIL	O Congresso Nacional rejeita a emenda Dante de Oliveira, que previa eleições diretas para a presidência.

1985

15 DE JANEIRO	O colégio eleitoral elege Tancredo Neves, do PMDB, presidente do Brasil,

	por 480 votos contra 180 para Paulo Maluf (PDS).
15 DE MARÇO	Toma posse o vice-presidente José Sarney.
21 DE ABRIL	Morre o presidente Tancredo Neves.
8 DE MAIO	O Congresso aprova emenda constitucional que estabelece eleições diretas para a Presidência da República e prefeituras, estende o voto aos analfabetos e legaliza os partidos comunistas.

BIBLIOGRAFIA

CALADO, Carlos. *A divina comédia dos Mutantes*. São Paulo: Editora 34, 1995.

CAMPOS, Roberto. *A lanterna na popa*. Rio de Janeiro: Topbooks, 1994.

GASPARI, Elio. *A ditadura escancarada*. São Paulo: Companhia das Letras, 2002.

GASPARI, Elio. *A ditadura envergonhada*. São Paulo: Companhia das Letras, 2002.

GORENDER, Jacob. *Combate nas trevas. A esquerda armada: das ilusões perdidas à luta armada*. São Paulo: Ática, 1987.

JÚNIOR, Reali. *Às margens do Sena*. Rio de Janeiro: Ediouro, 2007.

LAQUE, João Roberto. *Pedro e os lobos. Os anos de chumbo na trajetória de um guerrilheiro urbano*. São Paulo: Ava Editorial, 2009.

MAKLOUF, Luiz Carvalho. *Mulheres que foram à luta armada*. São Paulo: Editora Globo, 1998.

MOLICA, Fernando. *O homem que morreu três vezes — uma reportagem sobre o "Chacal brasileiro"*. Rio de Janeiro: Record, 2003.

NERY, Sebastião. *Folclore político*. São Paulo: Geração Editorial, 2010.

PALMAR, Aluízio. *Onde foi que vocês enterraram nossos mortos?* Curitiba: Travessa dos Editores, 2005.

PATARRA, Judith Lieblich. *Iara — reportagem biográfica*. Rio de Janeiro: Rosa dos Tempos, 1992.

RIBEIRO, Darcy. *Confissões*. São Paulo: Companhia das Letras, 1997.

SOUZA, Percival de. *Autópsia do medo — vida e morte do delegado Sérgio Paranhos Fleury*. São Paulo: Editora Globo, 2000.

VIANNA, Martha. *Uma tempestade como a sua memória. A história de Lia, Maria do Carmo Brito*. Rio de Janeiro: Record, 2003.

SIRKIS, Alfredo. *Os carbonários — memórias da guerrilha perdida*. São Paulo: Global Editora, 1980.

ÍNDICE ONOMÁSTICO

A
Aguiar, João Marques de, 24, 25
Albernaz, Benoni de Arruda, 108
Alberto (José Araújo Nóbrega), 16, 144
Aleixo, Pedro, 93
Allende, Salvador, 114, 131, 143
Alliès, Paul, 133
Alves, José Mariane Ferreira (cabo Mariane), 97
Alves, Márcio Moreira, 46, 83
Amaral, Carlos Soulié do, 74
Andrade, Renata Guerra de, 48
Angel, Stuart, 157
Angel, Zuzu, 157
Antônia, Maria, 59, 143, 150
Araújo, Carlos Franklin de, 23, 50, 84, 85, 94
Arraes, Miguel, 83, 109, 110, 112, 154
Arruda, Lucídio, 85
Auxiliadora, Maria, 90

B
Baptista, Arnaldo, 33
Baptista, César Dias, 34, 35
Baptista, Claudio, 35, 36
Barros, Adhemar de, 19, 25, 28-38, 42, 44, 51, 53, 72, 73, 76, 85, 91, 96, 102, 104, 105, 107-109, 111, 114, 116, 121, 125, 127, 131-133, 139, 148, 149, 151, 153, 156

Barros, Leonor de, 27-29, 35
Bastos, Ronaldo, 43
Baumfeld, Carlos Minc, 20, 21, 56, 58, 59, 61, 74, 81, 108, 110, 141
Benchimol, Aarão Burlamaqui, 33, 38, 42, 44, 55, 57, 59-62, 67-69, 72, 76
Benchimol, Claudio, 38, 55
Benchimol, José Burlamarqui, 22, 38
Ben, Jorge, 89
Bidet, Hugo, 19
Borges, Lô, 43
Branco, Castello, 30, 148
Brito, Juarez Guimarães de (o Juvenal), 17-22, 50, 51, 54, 58-63, 68, 70, 71, 76, 77, 81-84, 89, 90, 95-97, 102, 105, 108-111, 113, 114, 144, 154
Brito, Maria do Carmo (a Lia), 20, 50, 83, 95, 108, 109, 110-112, 114, 117, 124, 140, 154
Brizola, Leonel, 44, 45, 85, 120
Buarque, Yedda Seabra, 38, 41, 42, 55, 56, 131
Buarque, Yole Seabra, 38, 41, 42, 44, 55, 69, 72
Bucher, Giovanni Enrico, 113, 154, 155
Bulhões, Octávio Gouvêa de, 32

C

Camargo, Edmur Péricles, 98-101
Camargo, Hebe, 30, 31
Campos, Roberto, 32, 33
Capriglione, Ana Gimol Benchimol, 27, 28, 30, 31, 35, 44, 51, 72, 73, 76, 85, 86, 114, 151
Capriglione, Luiz Amadeu, 28
Cardoso, Jaime Walwitz, 129, 156
Carlos, João, 61, 74, 75
Carlos (o Chacal), 127, 132, 140
Carneiro, Ferdy, 19
Cartola, 97
Carvalho, Daniel, 134
Carvalho, Joel, 134
Castro, Fidel, 13, 74, 107
Castro, Tarso de, 17
Cavalcanti, Flávio, 65
Chagas, Carmo, 74
Chandler, Charles Rodney, 46, 151

Collares, Alceu, 142
Costa, José Raimundo da, 121
Cutter, Curtis Carly (Mr. CCC), 101

D
D'Alemand, Bernard, 130, 133
Debray, Régis, 88
Dias, Serginho, 33-35
Diegues, Cacá, 19
Diniz, Wellington Moreira, 57-62, 70, 71, 76-77, 82, 108, 145
Dirceu, José, 59, 142
Domingues, João, 59-61, 86, 96, 108, 122, 143, 152
Dowbor, Ladislas, 112, 117, 126, 131, 154
Duarte, Nelson, 65, 68
Dutra, Olívio, 140

E
Eisenhower, Dwight, 28
Elbrick, Charles B., 94, 107, 153
Espinosa, Antônio Roberto, 50, 84-87, 90, 95-97, 107-108, 122, 153

F
Fava, Wilson, 48
Fensterseifer, Delci, 24
Ferreira, Fernando Borges de Paula (Fernando Ruivo ou Felipe), 18, 59, 60-62, 81-86, 96, 108, 142, 143, 152
Ferreira, Joaquim Câmara, 50, 66, 74-75, 154
Figueiredo, João Baptista, 158
Filho, Mário Kozel, 150
Fleury, Sérgio Paranhos, 86, 98-102, 119-126, 153-155
Fontenelle, Rodrigo Lopes, 56
Fortini, Roberto Antonio de, 115, 132-133, 135
França, Luís de, 65
Freiras, Carlos Alberto Soares de (Botcheco), 50, 83, 89
Frota, Sílvio, 158
Fujimori, Yoshitami, 74-75

G
Gabeira, Fernando, 112
Galeno, Cláudio, 88
Garcia, Marco Aurélio, 14

Geisel, Ernesto, 135, 156, 158
Goulart, João (Jango), 30, 45, 120, 147-149, 157
Gouveia, Yara, 7, 131
Guevara, Che, 13, 46, 98, 107
Guimarães, José Carlos, 150
Gustavo, Luiz, 21

H
Herzog, Vladimir, 157
Holleben, Ehrenfried Anton Theodor Ludwig von, 109-110, 154

I
Iavelberg, Iara, 87, 123

J
Jr., Caio Prado, 113, 116
Julião, Francisco, 85

K
Kadafi, Muammar, 127
Keramane, Hafid, 82-83, 109, 112, 152, 154
Kéti, Zé, 97
Kimble, Richard David, 121, 123
Kubitschek, Juscelino, 30, 157

L
Lacerda, Benedito, 37
Lacerda, Carlos, 30, 149
Lafoz, Sônia, a Mariana, 7, 15-18, 22, 54-56, 60-61, 67, 71, 76-77, 81, 139, 145
Lamarca, Carlos, 18-19, 47-51, 66, 75, 85, 87, 89-90, 94-97, 107, 113, 119, 121, 123-124, 140, 151, 155
Lavéchia, José, 134
Lee, Rita, 33
Leite, Eduardo, o Bacuri, 110
Lênin, Vladimir Ilitch, 16, 89
Linden, Nicolette van der, 135
Lisboa, Manoel Rodrigues Carvalho de, 46
Lumerci, 61, 74-75
Lungaretti, Celso, 122

M
Machado, Wilson, 159
Magalhães, Vera Sílvia, 67, 127
Maia, Prestes, 84
Malhães, Paulo (a Besta), 102, 104-105, 114, 131, 134-135
Maluf, Paulo, 161

Marighela, Carlos, 75, 98, 107
Marques, Antônio, 56, 74
Marques, Jarbas Pereira, 125, 156
Marques, João, 24, 58-59, 63, 108, 143
Martins, Herivelto, 37
Marx, Karl, 16, 39, 98, 114, 130
Médici, Emílio Garrastazu, 150, 153
Mello, Reinaldo José de (o Maurício), 7, 18, 20, 22, 53-54, 56, 61, 71, 76-77, 81-82, 108, 145
Minc, Carlos (o Orlando), 141
Molica, Fernando, 116
Moraes, João Quartim de, 7, 48-49
Moraes, Vinicius de, 31

N

Nascimento, Cidelino Palmeira do, 18-19
Nascimento, Milton, 43
Negreiros, Brum, 57
Netto, Delfim, 47, 126
Neves, Tancredo, 136, 147, 160-161

Niemeyer, Oscar, 111
Nóbrega, José Araújo (o Alberto), 16-18, 20, 56-62, 71, 74, 95-96, 108, 110-111, 144

O

Oliveira, Dante de, 160
Oliveira, Diógenes de, 126
Osava, Chizuo (o Mario Japa), 144

P

Pablo, Doutor, 103-104
Perera, Antônio Expedito, 112-113, 115-116, 124-127, 130-132, 135, 140, 154
Pezzuti, Ângelo, 50, 112, 117, 124, 126-130, 132-133, 135, 140, 144, 154, 156
Pinochet, Augusto, 131
Pinto, Onofre (o Augusto), 45-46, 48, 51, 54, 107, 110-113, 116-117, 119-120, 123, 127, 129, 134-135, 140, 144, 151, 154, 156
Portella, Jayme, 93
Prado, Yolanda Cerquinho da Silva, 116
Pretinho, Zé, 65

Q
Quadros, Jânio, 28, 147

R
Raimundo, José (o Moisés), 123
Ramos, Graciliano, 41
Ramos, Victor, 134
Reguera, Lúcio Flávio, 126
Reichstul, Pauline, 125, 156
Ribeiro, Cláudio de Souza, 95
Ribeiro, Octavio (o Pena Branca), 144
Ribeiro, Vicente Bastos, 43
Rocha, Glauber, 19
Rocha, Lucia, 7, 135
Rocha, Marta, 17
Rodrigues, Darcy (o Léo), 7, 18, 22, 31-33, 53, 54, 56, 61, 71, 75, 77, 82, 95, 97, 108, 110, 141
Romana, Maria, 60
Romeu, Inês Etienne (a Alda), 83, 96, 124, 143, 155
Rosa, José Miranda (o Mineirinho), 70
Rosário, Guilherme do, 159
Rousseff, Dilma Vana (a Wanda), 87, 94, 108, 140-141, 153
Ruggia, Enrique Ernesto, 134
Russév, Pétar, 87

S
Saad, Edson, 55
Sánchez, Ilich Ramírez (Carlos, o Chacal), 127, 140
Santos, Alberi Viera dos, 134
Santos, José Anselmo dos (o Cabo Anselmo), 119-121, 123-126, 129, 135, 143, 148, 155-156
Saparu, Valdir, 48
Sarney, José, 136, 161
Schiller, Gustavo (o Bicho), 41, 63, 97, 102, 113, 131, 132, 134-135, 139, 142, 151, 154-156
Schiller, Joana, 136-137
Schiller, Silvio, 38, 39, 55, 60, 74
Schiller, Waldemar, 38
Seelig, Pedro, 102-103, 142, 154
Serpa, Ignez Maria, 7, 98, 104
Serra, José, 142
Silva, Ângelo Pezzuti da, 50, 112, 117, 124, 126-130, 132, 133, 135, 144, 154, 156

Silva, Argemiro Pereira da, 56, 57, 68, 69
Silva, Arthur da Costa e, 13, 17, 19, 21, 42, 53, 93, 150-153
Silva, Dilma Jane, 87
Silva, Eudaldo Gomes da, 125, 156
Silva, João Domingues (o Elias), 59, 60, 86, 96, 108, 122, 152
Silva, José Manoel da, 125, 156
Silva, Luiz Inácio (Lula) da, 141, 142, 159
Simonal, Wilson, 89
Sirkis, Alfredo, 114
Soto, Jesus Paredes (Mário), 7, 23-25, 29, 58-60, 63, 71, 76, 108
Sousa, José Soares de, 34
Sousa, Mauricio de, 89
Souto, Édson Luís Lima, 150
Souza, Evaldo Luís Ferreira de, 125, 156

T
Tarantino, Quentin, 96
Tsé-tung, Mao, 98

U
Ustra, Carlos Alberto Brilhante, 119

V
Vargas, Getúlio, 36
Viedma, Soledad Barret, 125, 156

W
Wayne, John, 58

X
Xexéu, Regina Helena, 136

Z
Zanirato, Carlos Roberto, 74

Este livro foi composto na tipologia Minion,
em corpo 11,5/16,25, e impresso em papel off-white 80 g/m²,
no Sistema Cameron da Divisão Gráfica da Editora Record.